悦读好故事系列丛书

迷恋游戏的男孩

MILIAN YOUXI DE NANHAI

顾文显◎著

安徽师范大学出版社
·芜湖·

图书在版编目(CIP)数据

迷恋游戏的男孩 / 顾文显著. —芜湖 : 安徽师范大学出版社, 2017.3
(悦读好故事)
ISBN 978-7-5676-2729-1

Ⅰ. ①迷… Ⅱ. ①顾… Ⅲ. ①故事－作品集－中国－当代 Ⅳ. ①I247.81

中国版本图书馆CIP数据核字(2016)第323229号

迷恋游戏的男孩　　顾文显◎著

责任编辑:李克非
装帧设计:任　彤
出版发行:安徽师范大学出版社
芜湖市九华南路189号安徽师范大学花津校区
网　　址:http://www.ahnupress.com/
发 行 部:0553-3883578　5910327　5910310(传真)
印　　刷:浙江新华数码印务有限公司
版　　次:2017年3月第1版
2017年3月第1次印刷
规　　格:700 mm×1000 mm　1/16
印　　张:15
字　　数:230千
书　　号:ISBN 978-7-5676-2729-1
定　　价:35元

目　　录

第一辑　当一回真正的老师

第二辑 非洲雁风波

第三辑 肠断《渔女图》

第四辑 教教你卖傻

第一辑

当一回真正的老师

第一辑

奶奶的带鱼

奶奶的妹妹我叫姨奶。我去姨奶家找奶奶要钥匙，恰巧听到奶奶跟姨奶在屋里叨咕："……那刚出海的林刀鱼(带鱼)，肚皮上净是油，哎哟那个鲜哟，就是没钱啊！"奶奶生长在大海边，对海鲜无疑是一往情深，她提起带鱼，肯定是想吃那东西了，我家有一年过年吃过，那美味实在忘不了。

时年我18岁，靠奶奶拉扯成人。奶奶这么大年纪了，还浑身是病，我难道不该让她吃上一回带鱼？可那时候是生产队，上级逼着我们没白没黑地改天换地学大寨，结果越改越穷，在队里拼死拼活一年，工钱连口粮都领不回来，我拿什么买带鱼孝敬奶奶？

有了。我看到队里忙着修梯田，玉米大部分堆在山上。那时候别看工分不值钱，由于全国缺粮，黑市地下交易玉米3角一斤，偷10斤玉米扛到山外，可以买好多条带鱼！

奶奶整天掐着我耳朵嘱咐我，偷盗犯法，赌博败家，这辈子万万不可，别沾边。可别的法子又弄不来带鱼。我见山沟里无人不偷，就算差一个我，生产队照样还是穷。

我被这想法折腾得几天睡不稳觉。这天傍晚，天降大雪，机会来了！我谎说去同伴家玩,悄悄夹着条麻袋,顺山路直奔一块叫“王大邦房框”的山地……静夜里,玉米掰断的声音简直是惊心动魄,偷掰了30多棒玉米,我的心跳得差点从嗓眼里蹦出来……悄悄背回了家,我把麻袋藏在仓房的几捆草底下。

也是我活该倒霉,就在我作完案时雪停了,我的脚印清晰地留在了山路上。第二天早晨,队长就发现那块地里玉米丢了,马上带人去检查现场。

看到那局势,我魂飞天外,顺脚印一查,这边就三户人家,只要像以往那样挨户一搜,我的罪证就暴露无遗！当初唯恐偷不到手的玉米,现在想扔都扔不掉了!

我心不在焉地扒了几口饭,要去上工。奶奶突然喊住了我。原来奶奶听见丢玉米的事,联想我的反常举动,从仓房里把证据找到了。奶奶看我半天,说:“锁,你跟队长说,苞米是我掰的。”

随后,奶奶便去队长家,一把鼻涕一把泪地承认了是她一时起的贪念……奶奶会给人接生,人缘很好,队委会成员哪家都欠她的情,一研究,那么大岁数,也别批斗,让老太太当众检讨一番算了。

那天晚上,奶奶去了队部,当众向群众低头认罪,批判自己私心重偷了玉米,还抽了自己嘴巴。我蹲在饲养员煮猪食的灶坑前,恨不能一头拱进去烧死算了!

回到家,奶奶让我站在炕前,严厉地问我:“奶奶缺你吃的还是穿的,为什么做贼?”奶奶确实没缺着我,她老人家宁肯自己挨饿,从来不肯让我受一点委屈啊。我说我就想给奶奶买几条带鱼吃,沟外的供销社有咸带鱼卖,4角多钱一斤,可是我没钱。我还为自己找借口,队长家养的老母猪,他女儿小满桌经常把队里的粮食偷到壕沟里喂猪,谁不知道。

奶奶好半天没说话。停了一会儿,她咬着牙说:“你跟他们一样吗？咱家可就你一个男人啦。我跟你说过没有,不管什么借口,那东西只要不是你的，你拿了，就是做贼！全队都做了贼，哪怕只剩下一个清白的，也得是你，几条带鱼就把你拉下道了？锁，你给奶奶记住了，这是你最后一次，你能向我保证吗？"

我说："奶奶，我记住了。"

"另一件，"奶奶说，"别当我面前提带鱼，这辈子我把它忌了！"

真是后悔不迭呀，为我这一举动，性情刚烈的奶奶居然终生拒吃带鱼！冰天雪地，我好几回都看见奶奶拿只小板凳，坐在爷爷坟前，什么也不说，就那么坐着。我知道，是我当了贼，连累得奶奶不但向全队人低了头，还得跟九泉下的爷爷请罪，我真愧对奶奶呀。

当时哪个社员不偷拿集体的东西呀，唯独我，即使在路上遇见遗落的粮食，弯腰捡起来，也得送到场院。我暗下决心，我一定拿自己挣的干净钱孝敬奶奶，让她老人家跟着我享福。

果然，我家确实再没见过带鱼，无论过年或过节。有一回，奶奶帮邻居接生，婴儿满三天时，老人家被请去吃喜，事后，我听人议论，说老胡太太咋就突然不吃带鱼了呢，人家知道她好这口，特地去山外买回来，她就是不动筷……

听到这话，我的心跟被谁用脚后跟碾碎了一般！奶奶，都是孙儿的罪。孙儿一定立个大功，得是惊天动地的那种，别的奖赏不要，就求您收回这个禁忌，否则，孙儿此生难安啊。

隔年，奶奶突然病倒，吃了好多药，也没见效。我产生了可怕的预感，老人家快不行了，无论如何也得买点好吃的尽尽孝心。恰巧得到了一个去公社办事的机会，我向老师借到了5元钱，回家后就忙着洗那件唯一囫囵点儿的衣服。我要给奶奶买几条鱼，不吃带鱼，还有别样的鱼！

第二天，到了沟外，忙三火四办完事，我赶到供销社。难得那里有新鲜的明太鱼。可是，一摸兜，我冷汗登时下来了，口袋里的钱不翼而飞！我飞快地回忆着,想起来了,刚才有人押着搞破鞋的女人游街,我只看了一小会儿热闹,让贼人乘虚得了手!

我茫无目的地晃在公社的大街上。每一个迎面走过来的人都像是偷我钱的贼,我恨不得杀掉所有的贼,是他偷走我好不容易借到的5元钱,剥夺了我最后孝敬奶奶的机会!

快晃到街尽头的时候,从我身后驶过去一辆大卡车,只听“咣当”一声,车上甩下来一只崭新的轮胎!

那时候没有非法占有他人财物的说法,通常是谁捡了归谁。卡车不见了踪影,左右也没人。我激动得浑身哆嗦,这轮胎是我捡的,我几年也挣不到这么大一笔财富!我将那轮胎立起来往回滚,附近恰有家熟人,先寄放在那儿再说,总之我发财了!

刚滚出不到一百步,迎面过来一个初中时的同学,他在西村大队当会计。见到轮胎,同学惊喜地问我在哪儿捡的,并要花120元买下,他大队里正缺这玩意,到处淘弄不着呢。

但就在那一刹那,我改了主意,我想到了奶奶。奶奶卧病在床,她老人家为我一念之差终生拒绝带鱼,我用这样的外财去孝敬她老人家,那是一种污辱!再说,那司机丢了轮胎,会不会受处分呀?无论那同学怎样纠缠,我还是告诉他,这轮胎不卖,一定要交还失主。

我把那轮胎送到公社广播站。然后怀着几分自豪几分内疚的心情,回到了那间茅草屋。令我惊喜的是,奶奶已经下地做饭了!奶奶,您知道孙儿刚刚面对财富经历过一番痛苦的挣扎吗?

事情过去几天,有辆军用小吉普开进了我们那个山沟,车上坐着两个4只兜的军官。那是我们山沟首次进来汽车,吸引了许多大人小孩围观。军官一下车就找队长,并点名要向我道谢……我才知道,我交还的那只轮胎,是重要战备物资。我不禁惊出一头汗,假如当初我把它卖掉,那个年代,不但我要坐牢,还连累了那个同学!

队长把男女老少全召集到场院上,然后,由我从军官手中接过感谢信,我偷眼看,奶奶站在人群中,那一脸皱纹,舒展得如同带露水的菊花!

当天晚饭时,奶奶用红辣椒炒了几个鹅蛋,一定要让我吃。我含着泪,讲了捡轮胎的经过,我感谢奶奶在关键时刻替我把稳了舵。奶奶爬到炕上,从箱子里翻出一只红布包,抖抖索索地递给我:“俺锁长大了,这东西拿去药虫子吧。”

布包里面包着一块剧毒“敌百虫”。自从我偷了玉米,奶奶就收藏了这东西,她说,假如在我身上看不到希望,这敌百虫就是她的归宿。

一晃30多年,奶奶年近百岁,依然健在,早就被我接到了省城享福。不但她老人家,我,我的爱人和孩子,全都不吃带鱼,为了一种信仰。我不觉得这信仰多么迂腐,我只想让我的家族世代记住奶奶和带鱼的故事……

从此绝不偷

带着偷到手的东西，岳长江简直是逃出那幢出版大楼的。他急匆匆地穿过马路，又钻进一个从来没走过的小胡同，直到挤上一辆公交车，他才像瘫了似地坐在一个闲座上……

岳长江是个高考落榜的农民的儿子。做不来庄稼活，就想当作家，居然让他写出许多文章，在全国各刊物发表，还获了一个奖！半年前，听说本省十分有影响的杂志《北风》要招聘编辑，他报了名。面试中他把持有本科学历的竞争对手们都击败了，如愿以偿地进了编辑部，操纵起对全国各地作者作品的生杀予夺大权来。

小岳工作得很卖力，得到社长汪老师的器重，常说，小岳，你好好跟编辑老师们学，将来必有作为。小岳表面答应，心里暗暗不服：不就是靠学历或者后门，分配到这里来的，一个个都摆出副高深莫测不可接近的样子，什么了不起的？有本事你写点作品拿到杂志上发表一下，那才真正显示的是实力呢。

嘴上不说，他跟“老师”们也还能友好相处。然而，最近汪社长出国参加一个学术研讨会，得半个月。汪老师一离开，他发现“老师”们对他的态度大变，一上午没人跟他说一个字，甚至中午吃工作餐时，副主编也只不过冲大伙说一句："吃饭吃饭"，就径自走出去。

作为打工仔，岳长江感觉到了空前的自卑和孤独。此后，他越来越觉得自己被孤立，干脆不干了。他急忙收拾一下自己的物品，对副主编说了句："刘老师，我又找了份工作。"副主编说："你不用再跟汪老师讲讲了？"小岳说："我以后电话里跟他解释。"这时，他看见会计办公桌的下角放着一个信封，里面装着300多枚邮票，那是供编辑们给作者回信用的，他见没人注意，顺手就收入自己的书刊里。哼，你们这样冷落我，权当我的精神补偿吧。

岳长江平生第一次做贼。偷这些邮票，竟然像生了大病，吃饭睡觉都不安生，锄地时，常常把苗砍去留下株大草，气得他爹直骂他当了半年编辑当傻了！岳长江睁眼闭眼，眼前全是汪老师那张和善慈祥的笑脸，对不起呀。可是，这几百张邮票他无法送还了……转念一想，半年来，那东西都是随便用的，没有了让会计补上，哪个会发现丢失了呢。

就这样，岳长江魂不守舍地挨过了半个月，《北风》那边半点动静也没有，他又找到了一份出力气的工作，白天劳动，夜里写稿，邮票的事，也就淡忘了。

可是这天黄昏，他下班回来，刚要洗去一身臭汗，忽然听到一声呼唤："小岳，岳长江在家吗？"这声音那么亲切、熟悉，是老社长汪老师！岳长江像个受了委屈的孩子，冲到院子里握住汪老师的手，眼泪刷刷地往下流，好大一会儿，竟然忘记往屋里让客。

汪老师接过小岳递上的一杯水，和蔼地说："小岳，干得好好的怎么就跳槽了呢？"

"老师……"岳长江斟酌着词句，"我文化浅，不适合在那儿干……"

"不要讲假话嘛。"汪老师说，"编辑老师们也都纳闷儿，谁也没招惹你呀，怎么说走就走了呢。后来分析，八成是没人理你……小岳呀，你不了解那些老师们，他们只埋头业务，不大会搞社会上那一套，你真是自己多疑折磨自己啦。”

业务？那些故作高深的老朽们还知道业务？

汪老师笑笑，如数家珍地报出了编辑们的著作，老长老长一串，让岳长江感觉到无地自容：原来人家都是用笔名发表的作品，有几位恰是他崇拜的偶像呢……自己这点作为……真是狗眼看人低。

“老师……”岳长江欲语又止。

“回去吧，小岳，学习锻炼几年，对你，也许比干粗活更有发展。”

“让我回去，真的？”

“我就是代表老师们来找你回去。”岳长江这才知道，汪老师他们为寻找他的住址花费了很多精力，而自己一使性子就愤然离去，岂不知自己感觉良好的那点水平，跟那些他平素瞧不起的老编辑们比，当真是九牛一毛！

“老师，我……我偷拿了单位的邮票，我长这么大，头一次当小偷，请您相信我，这绝对是最后一次。”

“孩子！老师等这句话好半天了，谢谢你。”汪老师慈爱地抚摸着他的头。

“那老师们都知道了？”

“自然。你想想，编辑部邮票随便用，所有信件无论公私，一律邮资总付，除了你，谁还会对那东西感兴趣？”

“那……”岳长江挺为难，他背上着这小偷的包袱，怎么跟编辑们相处？

“放心。编辑们发现那天丢了邮票，我只说了三个字。”汪老师淡淡地说：“我用了。”汪老师无限感慨，“年轻嘛。我少年时贫穷，还偷过书，以后不也改了？对于人才，我更注重主流……”

“汪老师，请您相信我小岳说的，这是我最后一次当小偷。”岳长江哭着想跪下去，可被汪老师扶住了……

老师和妈妈

学校号召各班组织春游活动,以激发学生对大自然、对祖国的热爱。

朱老师就决定星期天带同学们去北苍山。可巧,同校的黎老师也带着她的班级集合到了校园里。

打过招呼,黎老师就建议朱老师带着她自己的女儿豆豆,反正也不是正式上课,母女俩可以亲近些。

朱老师很认真地说:“我不能这么做。她虽然是我的女儿,却更是你的学生,三年级的学生参加到五年级的行列中来,让同学们怎么看我?”

黎老师笑了:“谢谢朱老师的理解,假如豆豆不参加,今天在山上做游戏,我们班还少了个文艺骨干呢。”

朱老师带着她的学生从大苍山的东半部攀到山脊。城里的孩子投入到大自然的怀抱,兴奋得不得了,直疯到午餐时间,仍然要求老师推迟吃饭时间。

正在这时候,朱老师闻到一股烟味儿,根据风向,那是从西半部山坡刮来的,朱老师敏锐地感觉到,西山坡着火了。她的女儿豆豆正跟黎老师在西坡玩耍,黎老师发现起火了没有啊?

朱老师马上打手机给黎老师，可是，深山里没信号。就在这一耽搁的工夫，所有的同学都闻到了浓烟气味，山上一片惊呼！

情况不容朱老师犹豫，她命令："马上站队，报数！"

学生报数时，烟更浓了。老师分析了一下情况，决定向东下侧转移下山。她向西边山坡望了一眼，这时候，班长说："老师，您快去看看豆豆吧，我保证带领同学们安全撤离。"

全班同学齐声表示赞同。朱老师一愣，突然严厉地说："你比老师还有本事吗？马上执行！"

一边下山，就陆续有孩子哭出声来。朱老师嗓子都喊哑了："不许哭。有老师在，你们哭什么！"这时候，火烧过来了，远远地烤着孩子们的脸颊，然而，朱老师已带领同学们撤离到安全区，这里没有枯草，火烧不过来。

孩子们的脸让烟熏过，又哭泣了一番，个个像小花猫。看着这些可爱的孩子，朱老师忍不住笑了："刚才吓得哭鼻子，还有没有出息了！"

听老师这一说，孩子们又一齐哭了："不是这样的。老师，我们不是害怕，我们是担心小豆豆！"

朱老师咬了咬嘴唇，没吱声，带上队伍就走。

在汇合处，朱老师看到了黎老师带着全班同学早已撤到这儿了，他们那地方角度好，发现火情更早，也是手机联系不上。

"你担心豆豆吧？"黎老师问。

"不担心。打电话只是怕你没发现，你那儿有全体同学呢。"朱老师一把将女儿搂在怀里，"我是她妈妈，可你更是她的老师！"

黎老师问朱老师的学生："告诉老师，你们下山时哭什么？"

班长说："报告老师，我们同学商量过了，如果豆豆发生意外，我们都是她的儿女……"

"现在，豆豆没事了呢？"黎老师又问。

“豆豆没事了，同学们说，大家长大了都当老师，跟我们老师学。”

黎老师哭了。朱老师哭了。两个班的同学都哭了……

小城漂的幸运

到县城新学校报到第一天，杜宝库就隐约感觉到，这儿不是他待的地方。满校园里全是陌生面孔，唯独他一个是从大山沟里考入县里高中，在这之前，他心中的好多优越感，一踏进这里很快就消散得一干二净了。

分到班级，班主任崔老师点到他的名："杜宝库——"随着他一声夹带浓重方言味儿的"到"，崔老师眉头略微那么一皱，笑了笑："这名字够古老的啦。"立刻引起全班同学一阵哄笑。

老师发现自己说错了话，马上纠正："是老师错了。这名字起得好响亮。而且，宝库同学从大山里夺关斩隘，跻身于全县高才生行列，那可是相当不简单呢。"

可是，崔老师不知道怎么啦，她过来端详了一下杜宝库的手，惊讶地说："你这手，得认真地洗一下了。"说得杜宝库那张国字脸腾地红到了脖根！从暑假起，他来县城投奔大伯，大伯在市场南路修自行车，他就睡在车铺里，也学着帮大伯修修车，才把手弄得满是油污，洗不出本色来了。

下课后，杜宝库总是听见同学们在背后冲他窃笑，尤其是女同学，这让他受不了！他生长在大山沟里，山路上石头多，怕踢破鞋尖，走路脚抬得老高，冷丁到城市里，也还是那么高抬着脚，难看死了。每当他一走路，好多同学就会齐声喊："一、二、一——"想生气，可人家眼睛并没有瞧着你呢。杜宝库心里堵得慌，他想，这书读得真没劲，还不如回山沟里去种地，或者跟大伯学修车，省得受人讥笑。

杜宝库咬着牙在高一班熬了一年，他的学习热情无论如何提不起来，成绩一天比一天差：入学第一次考试，全班60名学生，他名列11，到期末时，落到了43名。大伯和爹焦急地问他怎么啦，他闷声闷气地回答："山沟孩子嘛，脑袋笨，跟城里孩子比，差一大截，我有什么办法。"他心里想，如果嫌我不争气，你们就赶紧打发我回山沟，我早腻了个屁的啦。

然而，爹并没要求他回家，眼中流露那种类似哀求的神色，让宝库不得不咬牙在城里撑着，唉，撑一天，算一天吧。

高二一开学，原来的班主任崔老师休产假，换上了一位也是姓崔的女老师，同学们都叫她小崔老师。小崔老师自己说她25了，可看起来不过20岁，名牌大学毕业的研究生，长得那可真叫漂亮，骑一辆崭新的小坤车上班，恰似一朵云霞飘飘，映得满校园生彩，往讲台前一站，连最淘气的男生也大气不敢出！杜宝库心里也是一哆嗦；这样美丽的老师，只有电视上才见得到哩。杜宝库暗自庆幸，自己原来要放弃的想法幸亏没实施，否则，就见不到这么好看的老师了！

打那以后，杜宝库夜里常做些乱七八糟的梦，白天，见了小崔老师，崔老师那双黑亮的眸子冲他一闪，宝库心里的不健康想法就像被揭穿了似的，他恨不能找个地缝钻进去！于是，上课时，他缩头缩尾，生怕小崔老师点名让他回答问题，他的普通话差极了，会惹小崔老师笑话的！

这期间，也不知道哪个开的头，宝库又多了一个外号：小城漂。

城漂怎么的啦，你们的前辈莫非也是在这县城生活的？将来本人考上清华北大，这县城还未必待。杜宝库恨呀，可又奈何不了谁。同学们常常相互敲打："洗手了吗？"甚至某位同学不写作业，另一位也借题发挥："想洗手不干了，你想往大城市漂啊。"这不明明影射他的嘛。杜宝库一个知音也没有，他痛苦、孤单，他又开始后悔，考这破高中干什么呀。

这天，打扫除。班里的"班花"茹月月踩着高凳子擦玻璃，突然身子失去平衡，她"哎呀"了一声，眼看就要摔下来，说时迟，那时快，杜宝库正在邻近擦另一块玻璃呢，急忙抢过去，轻轻将月月扶住。月月感激地说："宝库，谢谢你，你真有力气。"杜宝库一紧张，涨了个大红脸，吭哧了半天，才说出仨字儿："谢什么。"又把同学逗得哄堂大笑！

放学了，杜宝库走出校园，刚到门口，迎面拦着三个男生，都是班里的，为首一位叫岳阳阳，听说他父亲是大款，牛得很哩。岳阳阳双手掐腰："小城漂，想吃天鹅肉，狗胆包天，敢去扶月月的腰！"

"哈哈，坦白地告诉你，扶了也是白扶。下次，先把小爪爪洗干净了再说吧。"另外两个一齐起哄。

想躲避已经不可能了。杜宝库偷眼一瞥，远处，小崔老师正推出她那辆小坤车……今天若是让小崔老师看见了他杜宝库灰溜溜地逃避，那将是他一生的羞辱！

杜宝库两只肩膀的肌肉立刻绷得紧紧的，说："讲理吗，你凭什么侮辱我？"

"就污辱你啦，怎么样？"

岳阳阳曾自称是岳飞的后代，会一身功夫，说完这话，踮着"拳击步"向杜宝库挑衅。宝库一闪，那拳打在他脖子上，原来这小子看似吓人，其实力气并不大嘛。杜宝库奋力抡起拳头，只一下，打得岳阳阳后退三五步，一屁股坐在地上！

"住手！"小崔老师骑着车子奔过来，止住了这场争斗。"怎么动手打人，如此野蛮。"本来想在她面前露一手，显示一下英雄本色，却被小崔老师看成是“野蛮”！杜宝库这个后悔呀。

小崔老师把几个打架的叫回办公室，首先批评了杜宝库：“你自卑感强烈，老师知道的。怪老师刚刚接这个班，没来得及协调这件事。可无论如何不能动手打人，你必须马上向阳阳同学道歉。”

宝库本来不想认错，是他们几个先找茬的。但看到小崔老师那双美丽而又威严的眸子，他登时软了下来，乖乖地冲岳阳阳鞠了个躬：“对不起，请原谅我。”

小崔老师又对另外三个同学说：“你们感觉就是好的啦是不是？老师早看见了，挑衅的是你们。怎么，看不起山沟的同学？你们知道，他在那样的条件下录取，比你们整整多出30分呢！尤其是岳阳阳，你怎么进的咱校自己不清楚？好啦，”老师亲切地拍拍四位男生的肩膀：“老师今后不希望看到这些，否则，这班主任只能另请高明了。”

可不能气走小崔老师啊，杜宝库入校后第一次流利而响亮地回答：“请老师放心，我向您保证。”

这天晚上，杜宝库失眠了。他恨自己呀，怎么偏偏生在山沟里哪，难怪人家都瞧不起。杜宝库呀杜宝库，你这辈子就这么着了，别打算出人头地啦。

开学第一次月考，杜宝库再创历史新低，年级200名榜上没名！

下课后，杜宝库垂头丧气地往教室外走，小崔老师在走廊候着他呢，老师意味深长地看了他一眼：“小帅哥，把胸脯子挺起来，别整得跟老汉似的。”

小帅哥？头一回有人如此称呼他，尤其是影视明星般的小崔老师！杜宝库当真就挺直了胸脯。而且他发现，挺直胸膛是这么容易的事儿。

这天晚上，回到伯父那儿，杜宝库独自对着镜子照，自己的确是挺帅的啊，怎么从前就没注意到这优势呢。

这天是周末，小崔老师提议：“同学们，明天咱们去清沟子水库玩耍一天好不好呀?”

听到可以出去疯,同学们的欢呼声几乎把教室掀翻!

杜宝库正暗想,我才不去呢,还不如帮大伯修车子。可是,小崔老师却指名问他:“宝库同学,你有没有困难啊?”他赶紧摇了摇头。为啥这么容易就改了主意,他自己也说不清楚。

清沟子水库离市区10华里,小崔老师骑着她那辆崭新的自行车,分外扎眼。刚骑到一半,突然,她的车子掉链子了!“咱中间有天才没有?帮我修修车子。”

修车子,学生哪懂这个呀,大家你望我,我望你。杜宝库略一犹豫:“老师,让我来修。”他刚蹲下,小崔老师就递过一副手套:“别伤着手。”

杜宝库三下五除二就把车子修好了,听着小崔老师不住口的夸赞,他心头暖和得如同头上的太阳!

这天是杜宝库最快乐的一天。小崔老师不但把那副好看的手套送给了他,游戏中还点名要他唱一首山区的民歌。唱民歌可是宝库的强项,此时亮开嗓门儿一吼,让好几位班里的歌星都黯然失色!小崔老师把那双白皙的小手举起来,冲着他拍,然后,激动地站起来说:“宝库同学与老师有相同的经历,老师也是山沟里的孩子。山沟怎么啦,毛主席还是山沟里出生的呢。”杜宝库发现,好多女同学看他的眼神儿也变得柔和多了!

这天夜里,杜宝库再次失眠。他觉得对不起小崔老师,老师的车子他一眼就看出了毛病,只要把链条摘掉一扣,就不犯病了。然而,他更有自己的打算,让它常常坏吧,那样,他可以更好地表现一下!他对着麻影影的窗子想,从今天起,我杜宝库必须好好争气,小崔老师都夸我了,我不能让她的话成为空话!

可不是,小崔老师的车子果然经常坏,不是链子掉了,就是车胎有问题。杜宝库的技术得到了尽情的发挥,他每天早晨一到校园,总要习惯性地朝车棚那儿扫一眼，如果小崔老师的车子没在，他会感到坐立不安。

小崔老师来了，骑着她那漂亮的坤车。跳下车来，冲宝库友好地摆摆手。

“老师早！”刚喊出这一声，宝库恍然大悟：城里多的是修车铺，老师她难道不晓得做一次彻底的修理吗？她是借修车的机会，让宝库树立自尊与信心啊。

这次，杜宝库就像换了个人儿，他迎着小崔老师的目光，大胆地把他的猜测抛了出来。小崔老师眯着那双好看的月牙眼笑了：“好聪明的孩子。那么，你如何回报老师呢？”

“老师，我知道了。”杜宝库深鞠了一个躬，转身朝教学楼走去。生活是这样的美好，校园是这样的令人留恋。小崔老师不嫌弃他出身山沟，他杜宝库有什么资格自己瞧不起自己！

杜宝库思路大开，成绩扶摇直上，这学期结束后，他已跻身班级前5名。

永远的老师

葫芦套村有位民办教师叫纪梦学,在当地任教20多年,教学严厉远近闻名,他教出来的学生送到外地,也个顶个是好样的。纪老师的妻子死得早,儿子纪小元从一年级跟他直读到小学毕业,一直是班里的尖子生。学习刻苦,纪老师并不因为儿子过早失去母爱而放松对他的管教。有一次考试,小元偷看了一眼课本,被纪老师发现,当众取消了他的考试成绩。后来,小元到底没辜负父亲老师的期望,成为小山沟里的第一个大学生。

纪老师教学质量那么好,可轮到他自己,表现得却不尽如人意。县里考虑偏远地区的教师力量薄弱,几次下拨指标,想通过考试,将当地的民办教师转为正式编制。然而,纪老师总是以微弱的差距,失去了转正的好时机,所以,干了20多年的他,仍然是个民办。

纪老师的事迹屡次被媒体宣传,连书记、县长都知道。但规矩还要遵守,考试是必需的,谁也不好在这方面打折扣。县进修学校便利用教师寒暑假,给山区教师提供深造的机会。教育局长特地写信嘱咐纪老师:"把别的都放下,全力以赴给我拿下一个转正名额,要当成政治任务看待。"

巧了,负责进修的老师竟是师大毕业的纪小元,纪老师的儿子。这回,当年的父亲老师成了儿子的学生,整个儿颠倒过来啦。

儿子怎么能不尽力帮助父亲?到了考试那天,小元说:“爸,您这年龄,机会恐怕是最后一次了,有什么困难,您只管说。”那意思,他有很多同事担任监考,只要招呼一下,打个小抄问题不大。眼下的考试实情,哪个不知道哇,谁不搞点小动作,那才是反常。

谁知纪老师哼了一鼻子:“把你爸看成啥了?我成绩再不济,也不至于堕落到作弊的份儿上。考不理想,落榜也心甘情愿。”

答卷时,教育局长悄悄观察,前前后后的考生都在搞鬼,让监考人员防不胜防,唯独纪老师,低着头只顾忙自己的。局长不由动了心,对小元说:“这回你当了老师,怎么不说说你那学生爸爸?难怪他一次次错过机会。”走进教室,看纪老师的卷,发现有一选择题明显答错了。局长用手往错处一点,又往正确答案处一点,过后不放心,暗暗对监考老师说:“这样诚实的好教师,得帮他一下。”

卷子交上来,封口前,局长特意看纪老师的卷子,见错了的仍然没纠正。便问监考人员:“怎么搞的?”

监考人员为难地说:“我连正确答案都给他了,可是,他不接受。”说着,拿出一张纸条儿,是纪老师写给监考人员的:“师不律己,何以育人?”

局长和纪小元眼泪都下来了,同时说:“老师,他是我永远的老师。”

最动人的歌

田小丽毕业刚参加工作没几天,那股在学校里盼望工作的热情就消散得无影无踪。为什么?她分配的单位是聋哑学校,要教十几个聋哑儿童读书、识字。她没想到面对的是那样一群孩子:个头儿参差不齐,年龄大小不一,智商也大不一样,即使那最聪明的,照比正常的孩子,那也要差一大截。他们听不见,影响学习交流哇。田小丽费了九牛二虎的力气,才教会一个生词,你听那发音,即使口型对了,也还是千奇百怪,简直像哭!

田小丽下课后问一位年长的同事,这是怎么回事。对方告诉她,有的学生能达到口型对了,也就上上大吉,如果想让他们如同正常人那样发声,根本不可能!

田小丽偷偷跑到一个没人的地方痛哭了一场。她要在这样的岗位上待一辈子吗?跟孩子没法交流,费了多少力气,教出的发音像哭?她还是个能歌善舞的姑娘,在这样的地方窝一生,不如死了的好!

她只能自己抱怨命苦,谁让你没本事的呢,假如当初考入北大清华复旦南开,能分到这鬼地方来受活罪?毕业时,她悄悄找到在教育局工作的舅舅,软磨硬泡,一定要想办法帮她留在市区内,千万莫给分配到乡镇小学,那样将来就与城市无缘啦。“舅舅，我爸妈去世早，您看在她在天之灵的面子上，拉我一把，小丽这一生也忘不了您老人家的大恩大德！”

舅舅见小丽哭得恳切，便说，市区内教育界也是人满为患，只有聋哑学校正好教师奇缺，你如果肯下功夫学习特殊教育的专业知识，去那里不用走后门。田小丽当时想，能留在市区就行，干什么还不是开工资。如今一上课才明白，怪不得这学校缺人手，原来自己上了舅舅的当啦。她装病请了假，哭丧着脸又回去找舅舅：“我情愿到最偏僻的乡下去，也不在那鬼地方呆了。”舅舅不高兴啦：“你这孩子，学校能像逛百货商场那样，来去自由？乡镇学校现在也正精简人员呢。”被她缠不过，舅舅说：“这么办吧，你先安下心来，在那边干出点名堂，哪怕评个先进也好，我才有借口调你；假如没本事，那怪不得我，你敢不敢打这包票？”田小丽别的不怕，就怕激，一咬牙“好，到时候您失了信，别怪我不把您当老人待。”

田小丽虽然看不上这份工作，但她人还是很要强的。她回学校后把调转的念头暂时先放下，埋下头来拼命钻研业务。她人聪明，又有美好的前景做动力，很快就让她掌握了许多哑语教学知识。

田小丽重返工作岗位第一堂课，就获得了个满堂彩，她的聋哑学生个个两眼放光，直盯着他们的新老师。小丽的手语表达得准，讲授方式又恰到好处，一堂课，顺利地完成。教导主任原来不放心，特意去听了课，她满脸惊奇地问：“小田老师，你喝上智慧泉的水啦，怎么一眨眼变了个人儿？”夸得小丽心里甜滋滋的。

下了课，聋哑学生们像小鸡仔一样，在田小丽身后周围追逐嬉闹，他们的眼神告诉小丽，孩子们庆幸有了好老师啦。

田小丽有些得意。凭这份水平，她混个先进不成问题。到时候舅舅就能给我把调转手续拿来。她又悄悄告诫自己：千万不能当真，陷进去可就出不去，这儿不是她的久留之地。在聋哑学校跟聋哑孩子打一辈子交道，她的音乐天赋、前程包括将来的爱情都得断送在这里啦。

田小丽主意已定,决定与学生保持着不近不远的关系:既不影响她年终评奖以求调走,又别让小家伙们缠着不放。课余,她站在阳台上练嗓子,那清脆的歌声引得路过这里的人们不由自主地停下或者放慢脚步,有些聋哑孩子不知怎么也转过来,仰着小脸观看。每当这时,田小丽心里好难受哇。她想,自己若是能让他们会开口说话,绝对一分钱也不收,终生义务服务。可惜那只是幻想。她尽量在练功时避开她的学生们……

期末考试,田小丽的班级考试成绩在全校名列前茅,她也以工作认真、成绩出色被评为先进教师。她笑了。马上就可以同舅舅摊牌……走出办公室,只见老校长在门口等着她:“小田老师,生日快乐!”

哎呀,今天是小丽的生日,可老校长怎么知道的呢?老校长握了握小丽的手:“身份证上写着呢。小田老师,大家都知道您不会在这儿久待了,迟早要调转的。咱们相聚一场不容易。唉,可怜这些孩子们,只因为不会说话,连个好老师都没法子留住。今天,同事们备了薄宴,给您祝贺生日……”他一摆手,过来几位聋哑学生,敬礼,献上一些礼物。老校长说:“这是孩子们自愿集资买了给您的,请收下他们的一点心意。”

田小丽在老校长的陪同下进入学校食堂,那里已经按生日庆典的格局布置好了,一些聋哑孩子站成整齐的几排,向田老师敬礼,然后,拍着小手唱起了“祝你生日快乐……”

田小丽大吃一惊:聋哑孩子还会唱歌?虽然谈不上动听,甚至调门都不太准,可是那节奏,那认真劲儿,简直可以说是人间奇迹!

老校长说:“孩子们看到小田老师唱歌,他们想,大概因为他们不会唱歌,小田老师早晚会调走的。为了挽留他们心爱的老师,孩子们利用午睡的时间,悄悄跑到后山的松树林里,排练节目,一定要在老师的生日上献一首歌……聋哑孩子条件也不一样,有的孩子实在无法学唱,参与在里面全搅和了，这些孩子很难过，有的扇自己嘴巴子，有一个还绝食过。到底让他们练成今天这个样子……”

听着校长的叙述，田小丽再也控制不住自己的感情，眼泪刷刷地流下来。她喃喃地说：“我对不起同学们，我对他们不负责任……”一转头，呀，她舅舅什么时候来了：“小丽，我来给你祝贺生日。我还给你带来好消息……”

没等舅舅说完，田小丽就打断了他的话：“舅舅，我不走了，真的。”

“为什么？”

“我听到了世界上最动人的歌。我要一辈子跟这歌声在一起。”田小丽伸手向舅舅要那份调转令，她要撕碎它以表示决心。

舅舅笑了：“什么调转令？我从来就知道你不会离开这些孩子们，你这么善良认真的脾性，我这个老教育还会不清楚？调令的事情那是我的激将法！”

田小丽扑进舅舅的怀里，一老一小都笑啦。

承　诺

上世纪七十年代末，我在家乡的小学读初中。

学《海上日出》这一课时，范老师神往地说："咱们山村没人看到过大海，这样吧，明年全公社统考，你们哪怕有一个进入前10名的，老师就带他看海去，所有花销都是老师出。"课堂上欢声一片：整个小队祖辈几代人都圈在这大山里，连火车都没见过，对大海的向往可想而知！

从那天起，全班同学都较上了劲儿，虽然我们清楚，考前10名根本不可能！全公社12处戴帽中学，400多学生，那也不包括我们。我们是不被上级承认的"黑学校"，两位老师可怜12名小学毕业生无人能去公社所在地读书，硬是在队办小学之外扩充了一个初中班，所有课程都是他们俩额外兼任，这样的基础，敢与外面的"正规军"比吗。

而范老师却无比认真地说，他心中有数。"假如没那个希望，我岂不是给大家个空头承诺，跟流氓有什么区别，还老师呢。"

反正我下死力气读书，就冲范老师这一片苦心。大海是从来没敢想，范老师是个民办，全年挣的工分，不过值一百元左右，万一考上一个，那可就尴尬了，他拿什么买车票！

那时候初中总共两年,之后,就得到公社读高中了,需要考试,全公社取250名。

名单一公布,范老师哭了。我们12个同学全部入选,最差的排第101名,而我和另两个男生名列2、3、6名！范老师严肃又有些内疚地说:“花不起钱啦,我只能带你们三个看大海去,回来,给同学们一人一份礼物,他们也应当受奖……”

范老师耐心地到我们三家做工作。家长哪好意思让老师破费,可自家又穷得叮当响,只能推三推四。老师急了:“您总不能让我说话不算吧,以后我怎么教学生！”他找出地图,反复计算:“咱们就近到锦西县,火车票10元整,来回有150元够了。”

终于在暑假里的一个浓雾弥漫的早晨,范老师率领我们两男一女三名弟子,走出了大山沟。范老师快活地吟诵两句诗“青山遮不住,毕竟东流去。”

我们见到并坐上了火车,那颗心呀,简直要蹦出来了。

傍晚,到了通化市,在那里换车。等车的三个小时,老师带我们在站前游览。城市灯火辉煌,把我们三个全看傻了。

老师问:“城市大不大?”我们答,大。

老师意味深长地说:“北京上海,比这不知要大上多少倍。回去一定要读高中,我做你们家长的工作,你们不能总圈在山沟里！”

那一刻我明白了,范老师不仅是为了兑现他的诺言,更是要让我们认识山外的世界。

在火车上,我发现范老师不睡觉,时常在过道上焦躁地走。考试前那几天,他的鼻子一侧陡然起了一片红肿,据说特别疼,师母逼他去医院,他嚷着说,什么时候,我还顾得去医院？考试结束,匆匆去了趟地区医院,他又带我们看海……

现在,老师的患处肿得更高了。我不时悄悄地捏自己的裤子,那里有妈缝在内裤里的5元钱,我不敢花,想留着给老师看病。

范老师让我们三个成为山沟里第一批看到大海的人!范老师问我们:“有什么感想?”我们三个异口同声:“将来要考大学,不在山沟住了!”

范老师笑了,笑得好开心哪,那天,他还在海边就着小咸鱼喝了一些酒。

回来以后,范老师不顾休息,挨家做工作,让我们一定要读高中,没文化不行啊。

范老师可不是一般的教师,能常在省报上发表诗歌……据说在全市作者中都是优秀的。市里一家名校两年前就有意聘请他去专教作文课,并且有转为正式教员的可能。然而,老师为把我们这个班送出山沟,迟疑着不走。这次,他总算松了口气,并对我们几个成绩特好的说:“我调过去,接着也把你们转去,只有到市里,才能考上大学,出不了读大学的,咱山沟就没指望。”

入高中的第一个星期忙得很,直到半月后,我们才于周末回家。到家后,发现父母眼睛红红的,原来我们的范老师没来得及去市里那家中学报到,就先自病倒了。父母马上带着我去看范老师,说他快不行啦。

老师!范老师患的是额窦癌,已经到了晚期。没有钱住院,索性回家等死……

我吃惊地看到,平日里谈笑风生的范老师半边脸肿得跟南瓜似的,眼睛已失明。我抓住他的手失声痛哭。范老师用力握了握我的手,说:“别这样,丫头,我这一生足了,我看到了大海,我还带出了山沟头一批看海的学生。”我哭着说,如果不为我们,您的病是不是不至于这样?老师笑了:“早知道是这种病了,出发前我去过地区医院。迟早是个死,我不能在你们面前失信,老师有一千个理由,带不到你们去海边,总归是失信……只是把你们带入市区的计划成了空话……白姗姗,你答应我,将来有了好消息,要告诉老师一声。”我一下子明白了这句代表生离死别的话，一头钻进他的怀里，哭得昏天黑地！

我们几个坚持要陪老师到最后。书不读了，什么都不重要了。可范老师几乎是把我们骂回了学校。他说不想看到这样的学生，假如视学习于无足轻重，那他的心思可就白费了。于是我们天天放学后跑回来看老师，天不亮又往回赶……

这样，我们也没送成敬爱的老师，10月4日的中午，我们还在学校上课，范老师悄然离开了这个世界。

我永远忘不了“青山遮不住”的词句。后来，没有了学校，那个小山沟的村民陆续搬走，那条崎岖的山路也生出了灌木和荒草。

我在北京读完大学，分配到省城机关。差不多每年暑假，我都让丈夫陪同前往，那崎岖的山路尽头，安睡着我心中的偶像，是他把我带出这荒僻的小山沟。

我跪在老师坟前烧纸，不是冥钞，全是我当年发表作品的复印件。我要让敬爱的老师知道，他的学生当年也对他有过郑重的承诺……

责任和使命

申平凡高考落榜了，这绝对不是他有意的，就这智商了。怎么办？

父亲是县委书记，请他老人家说句话，他完全可以轻而易举地混入某座高校。可是，父亲一听，脸就拉长了："你这一生离了上大学就活不下去了是不是？你爸爸从小没了父亲，小学没念完就去了乡下，以后完全自学，我依赖过谁？你怎么动不动就把我搬出来？没门。仔细找找原因，或者重读，或者去学门技术，我看计算机将来准有发展，你若是肯投入精力，老爸给你买台品牌的电脑。"

老爸见死不救，申平凡心里再恨，却毫无办法。仔细一分析，自己数学、英语都不好，再次复习，明年参加高考仍然希望渺茫。既然老爸答应给买电脑，那就学，至少混台电脑玩玩。

就这样，申平凡去了省城一所计算机学校。几年下来，电脑让他学得十分精通了。

拿着结业证喜气洋洋回到县城，申平凡想，县城里还没有计算机教育，如果抢先一步，那肯定大有前途。果不然，教育局张局长找他来了："小凡啊，你这样的特殊人才打灯笼也难找哇，局党委决定投资成立计算机学校，请你出任校长,你肯不肯屈就啊?”

哇,初出茅庐就当上校长,还是一把手!申平凡兴奋得一蹦老高,赶紧把这喜讯告诉了老爸。谁知道老爸那张长脸又“呱嗒”掉了下来:“不成。当个教员也就罢了,当校长,你计算机真精通了吗?”“精不精通无所谓,下面有教导主任,还有具体教员。”“那你会管理?”“学呀。您一生下来就会当县委书记?”

一句话把老爸噎了个白眼,老家长的专制手段再次拿出来:“你给我算算,学员收费怎么回事?上缴利税怎么回事?不懂吧?学生来自社会,他们打架斗殴出了人命怎么应对,男女生早恋,携手私奔你当校长的怎么跟家长交代?没想过?你还电脑,猪脑都不如!你没看咱县那几个与你一同去学电脑的同学,那个杨威比你差很多吗?他现在连一名普通教师都当不上,你凭什么当校长,不就因为你是书记的儿子?小凡,听爸的话,这么大个中国,你难道离了老爸任职的小县城就玩不转了?咱不在这边发展。”

申平凡的鼻子一下子就酸透了。别人都跟老子沾光,唯独他这个县委书记的儿子,还不如个平民百姓!我当校长一不送礼,二没行贿,是他自愿上门请的,跟你当书记有什么关系!你总说,这小县城不是你个人的,不是你个人的,为什么有权力偏偏不让我在这里当校长!申平凡觉得爸爸纯粹是个老政客老滑头,他是怕儿子当校长的事影响他自己的仕途,自私!

一咬牙,一跺脚,申平凡离家出走,再次来到省城。凭着他学到的一点电脑知识,他找到了一份广告设计的工作。

这时候,爸爸看望他来了,把那台电脑也带了来:“儿子,看见你能自立了,爸爸真高兴。爸爸当年也是自己一步步走过来的,你能这样做,咱家后一代有指望了。电脑给你,另外这是爸爸的全部积蓄,留下给你应个急。”

申平凡一看那存折,总共不到五万块钱,这是当了多年的县委书记的全部积蓄,你糊弄谁去?

爸爸歉意地笑了笑："爸爸没有黑色收入，幸亏工资还不低，所以积下了这么多，若换成一般工人、职员，有的人家连几千元都抠不出来呢。"

申平凡嘴上不说，心里恨透了爸爸。你看看，现在哪有这样的窝囊官儿，在他眼里，管屁大点事的人，动不动全家去酒店里吃事主儿；逢年过节，送礼的都推不出门去。你这好歹是个县委书记呀。他冷冷地说："爸，这点钱是您的命根子，先拿回去吧，遇到实在过不去的坎儿，我会跟您张口的。"

没想到，爸爸听不出他的话外音，居然大大地夸赞了他一番！

申平凡跟父亲结下了疙瘩：你小时候没人管，那是死了父亲；可我现在这境况，也算死了父亲吗？从那时候起，申平凡就对别人说，他没父亲，父亲早死了。

既然是孤儿，就得把自己当孤儿待，谁也不依赖。申平凡从一个小助手开始，失败了不伤心，挨了训不烦恼，谁让自己没爸爸了呢？他发奋学习，努力钻研，业务能力提高很快，有几个较大的创意得到客户的赞赏，他也一步步提升。三年后，他当了部主任；五年过去，申平凡成了这个公司的中层干部。公司在居中市设立分公司，申平凡经过努力，被派到居中市当分公司的经理。本来，如果留在省城，申平凡也许会有更大的发展，他到居中市任职自然有其目的：老爸年纪大了，提到居中市人大当副主任。申平凡想，你当年不是干涉我到你地盘上张扬吗，现在我凭自己的能力成功了，我还就是要到你这里折腾，看你还能把我赶出去！他率领部下春风得意地到任。

申平凡回到家乡，父亲特意设了家宴，为儿子庆贺。父子俩相对饮酒，老爸把儿子看了又看，满脸欣慰。申平凡心想，内疚了不是，我没你这个爹，不照样出人头地？

"小凡呀，有件事你知道不？"老爸品了一口酒，"还记得当年聘请你当校长的杨局长吧，他经济上犯了严重错误，今年二月被判了十五年徒刑，同案犯有六名呢，其中就有计算机学校的一、二把手。"

啊？有这等事！申平凡身上出了一身汗，他不由对父亲另眼相看了，毕竟是官场上的老人，眼光毒，他当初怎么就能看出这杨局长迟早犯事？如果自己图虚荣接下了那个校长职务，自己不懂业务，肯定得受杨的操纵，那么……他不敢想下去了。

“爸爸，谢谢您。”申平凡敬爸爸一杯酒，“如果没有您严厉的教育，儿子不会有今天，我现在是心悦诚服了，今后，儿子一定多采纳您的建议，以后有什么不对的地方，爸爸可要多关心儿子啊。”

“爸爸老了，没什么作为了。”老爸叹了一口气，“就一件心事非你办不了。你妈妈去世时，担心的就是她的小侄儿也就是你的表弟将来的出路。你看，他现在也学了计算机，你能不能让他在你管辖下的小公司当个小主管……就算锻炼锻炼。”

“爸爸，这肯定不成。”申平凡认真地说，“表弟哪有管理水平啊，他只能像我当年，从助手做起。”

“他是你表弟，没人会说什么的。”老爸几乎是哀求了。

“这会影响公司的声誉。做为一名员工，我有责任和使命维护公司的声誉形象。爸，我可以出钱让表弟另谋出路，决不能让他坏了公司的声誉。”

“原来如此。”老父亲淡淡一笑，“你区区一家小公司，安排个小主管都怕影响声誉，难道我堂堂共产党的县委书记，把儿子安排在自己管辖下当校长，就不怕影响了共产党在老百姓心目中的威望，我就没有责任和使命感?”

老父亲在申平凡的眼里一刹间高大起来，他是真的把自己当成了共产党的一名员工，一名党的事业的主人公！做儿子的泪水一下子流了出来，看起来，他还得向老爸学习，毕竟他老人家受过党多年的教育，自己这点觉悟，还浅着呢。

做一次贼

父亲把我们全家带到一个十分偏僻的穷山沟子,那里除了野生的李子、梨及葡萄,各家几乎连一棵像样的果树都没有。拥有几棵果树的愿望像今天城市人向往一辆豪华轿车那样日夜痒着我幼小的心田。

这一年,我的表叔告诉我,他给队里放牛发现,沟里大山再翻过去,是通化市万家沟,那里老万家栽了很多果树,咱哪天去偷他的?我欢喜不已。好不容易盼得有一天下雨直到傍晚,生产队长决定不再出工。

机会来了,当小偷就得趁晚上下手。我跟表叔各拿一把镰刀,兴冲冲地直奔沟里,我感谢表叔把这等好事告诉我,一路上不断地巴结他。

说是一座山,翻过它离我们家至少要6华里。我俩刚刚到山跟儿,老天又下起了急雨,当时也就是4月上旬,树叶子还没长出一片,哪里避去,只好这么干受着。

雨顷刻间把我俩的棉袄淋得透湿。唉,好不容易盼得雨停了,却又飕飕地刮起了小西北风,把两个还未下手的贼冻得哆嗦成一堆了。我们一点也不考虑人家好不容易栽培的树苗我们偷来自己家道德不道德,反而相互鼓励:“遭这么大的罪,说什么也不能半途而废。”

终于到了山顶。藏在树林中,山下老万家的茅草房看得清清楚楚,甚至听得见人家唤鸡斥狗的声音。据表叔掌握的资料,万家沟是个死沟筒子,再往里没人烟了,栽树苗的老万家户主是个右派分子,可他会嫁接,又加上他住房这面坡尽是壕沟,土地薄得不行,没法耕种,就栽了一坡树,不知道他们生产队为什么允许他搞资本主义。我们蹲在湿地上,两腿酸麻;里面没有衬衣,湿棉袄贴在肉上难受得要命,脱下来更不敢;身上冻得抽筋,肚子饿得绞劲地疼,而该死的天迟迟不肯黑下来,我们只能老鼠般地缩在山上咽吐沫。我心想,快回家吧,谁知道偷棵树苗如此难。但不敢出口,那样表叔会永远瞧不起我。

最后的暮色终于从小山沟里褪尽,我随着表叔悄悄往山下移动。干枯的草划破了脚踝,又让雨水这么一泡,别提多疼了！而且,做贼心虚这话一点不假,每走一步,都觉得草丛里到处都埋伏着捉拿我们的人,哪怕是小老鼠弄出的一点响动,都要吓我们一跳。那个时候,若是偷东西被抓住,要把偷的赃物挂在脖子上游街示众,然后剥夺人身自由,叫做“办学习班”,厉害得很,怎么可能不害怕。表叔不断地给我鼓气:“没事的,他们不可能不睡觉,谁一年三百六十天总看着树?”

我们顺着山坡边摸索边走。表叔又说,不对劲呀,白天找牛过来时,看见不少小果树来着,怎么都不见了呢?不敢打火照亮儿,真是又急又怕。后来我们在沟边发现一棵小树苗,周围的草割得挺光,表叔说,就是果树,要不他割草干什么。又摸了摸说,对了,有刺,果树都有刺,并且修剪得成小伞状,野生的哪有这待遇。我很佩服他的经验,两个人用镰刀插进土里,把小树的根割断一些,然后,奋力连根拔起。偏偏在这当口,草丛里扑愣愣惊飞起一只抱窝的野鸡,吓得我俩差点仰进身后的沟里。表叔捂着腰哼哼道,腰闪了,岔气疼得受不了。

正不知如何是好呢,老万家狗没命地叫起来,接着,整个沟筒子的狗比赛似的叫，把个春夜吵翻了天！我脑子里立刻闪过游街示众的可怕情形，表叔也说了声不好。想撤吧，已经千辛万苦地来了，才弄到这么一棵不知道品种的树苗，回去怎么分？

我们就这么一犹豫的时候，机会错过了，此时即使想逃也办不到了，一条大黑狗不知什么时候包抄到我们身后。从上坡压下来，冲着我们狂叫，大嘴丫子就对着我的脸，臭烘烘的热气直往我脸上喷。我再也藏不下去，宁可游街示众也比受这罪强呀，腾地站起，去防那狗。

这时候，有个苍老而有力的声音说了一句："哪里的朋友，家里去呀。"一道手电光照在我们身上，羞得我俩无地自容！

到了这功夫，表叔还不如我呢，一个字也吭哧不出来。我豁出去了，见对方是个老头儿，就说："大爷，俺是岗北五队的，寻思来拔棵果树回去栽……"

"噢。"老头子冷冷地说，"我知道你们肯定关照我的树来了。进屋说话。"先骗进屋去再喊人？果然是老右派，手段狡猾毒辣！唉，蹲监狱也比眼下的处境强，听之任之吧。

小草屋里六、七口人挤在小煤油灯下扒线麻。万家女主人冲我俩尴尬地笑笑，没用吩咐，去灶间端来两大碗热玉米糊糊。哎呀那个香哟。喝光了人家还要给盛，我俩心盼着，嘴里却坚决不要了，那年月粮食金贵呢。

"我叫万家宝，刚才粥里没毒，放心吧。果树这东西，结了果子我也不敢卖钱，还不是你吃他吃大家吃？要树苗子，你白天放牛时吭一声就是，这……"表叔脸像茄子色，只会点头。

老万头举起我们偷的那棵树，说："黑灯瞎火，拔错了。这是野生的山丁子，我准备用来嫁接做砧木的，这样拿回去，多冤。"他出去，不大工夫，拔了6棵沙果树苗，送给我们。

我心里温暖又狐疑，会是这结果？觉得老头不可怕。就巴结他："大爷，刚才有窝野鸡抱窝，就在你房上。”

老头说：“我知道。这时候，饿死也不能扒它的蛋，那一窝就是20多只小崽崽。人做事不可太绝，我的狗也不敢去惊动它。”老汉又说，如果你们愿意，什么时候过来，我教你们培养果树的技术，这可是造福大伙的事，我这样的人，今天脱下鞋和袜，不知明天穿不穿，栽这些树，完全是留给大伙。

我和表叔每家的园子里有了3棵果树，也是沟里头一份。因为队里穷忙，相约去万家沟学嫁接的事也没能如愿。这年伏天，传来消息，说是万家沟老头畏罪自杀，乘看押他的民兵没留神，一根绳子吊死在屋山头的檩子上了，临死前连口饼子都没吃上！

我和表叔谁也没敢去那边看一眼他的遗属，那时候阶级斗争热火朝天，挂扯上了，要命也洗刷不净的。表叔反复叮嘱我，那树苗就咬定在通化地区买的，一元钱一棵。

偷来的果树长大后，每年结不少甜甜的果子。后来我调到市里，连房屋一起送了乡邻。那是我第一次、也是最后一次做贼，缺粮那些年月真饿极了，别人都偷队里的粮食，但唯独我能挺，想想那老右派，再偷我对不起他！

伏　雨

雨点子如钱，眨眼间铺满大道、小巷，还有楼门口的水泥台阶，一股凉涔涔的风夹杂点尘土的味儿扑面而过，老人兴奋得“啊”了一声。

86岁的老人在楼前的小花园的石凳上坐着，他在等一个小女孩。小女孩亲口对他说的，她下午还来这儿。

老人喃喃自语：“这雨呵，这雨呵。”

这时有一声尖叫划破雨声掷进小凉亭，喊话的人也话到人到：“哎呀，你这老头，怎么糊里糊涂跑这儿来啦？”

老人说：“你回去吧，我坐这儿不碍。”

“那你上这儿干什么？叫我好找。下这么大的雨，着了凉怎么办？”这个胖乎乎的中年女子又心疼又有些怨气。

“不碍，这是伏雨，是伏雨就不伤人。”老人说，“你先回去吧，我坐这儿不碍。”

“家里热吗，你在这儿干嘛？爷爷，回去吧。”中年妇人是老人的孙女。老人已无再近的亲人，住孙女家。孙女一家待他挺好的，老人很感激。

孙女开始哄小孩般地劝他回家。老人还是说：“你回家吧，我不碍。我等个人。”

“等啥人？这么大的雨，不会来了。”

“约好了的。”老人依旧不动，说，“你回家吧。”

孙女无奈，把雨衣放在石台上：“别走开，爷爷，一会儿我来接你。”然后抬头看雨，低头看爷爷，叹道：“真是个老小孩儿！”

家里麻将搓得正酣哩，孙女能抽空想到他，难得呐。老人十分知足。

雨继续下，一丝儿没有停下来的意思。有雨点子飘进凉亭，溅到老人脚上，他往里挪了挪。

老人今天一早到这亭子里来坐。离孙女家楼门百十步，很近呐。在家里干什么？啥事也没有。他就愿意到这亭子里来坐坐。

怎么就引起讲故事来呢？老人真的记不清了。反正上午他身边就来了这么个小女孩。小女孩好惹人喜欢，花儿似的。老人就格外乐意跟她说话，不知怎地就讲起了故事。

想不到这小女孩竟也知道那个故事！不过随便说说，谁知道会撞上知音了呢？老人兴奋得滔滔不绝，讲了一个又一个，女孩扑闪着黑黑的长睫毛，眼睛一眨也不眨地望着老人的脸。多么惹人喜爱的女孩！于是他讲故事的兴致就更高了。

老人86岁，女孩16岁，都有个6。

可是天已经近中午了。女孩说：“真好。老爷爷，您讲得真好。您该饿了。下午吧，我一定来，还听您讲。”

是吗？老人感激得差点哭出来。好久好久，他没讲故事了。他孙女的两个孩子从来不听，过去那些老事儿他们压根儿不想知道。而眼前这个女孩竟真诚地夸他讲得好，并且是这么漂亮的一个女孩。老人想：她在学校里一定是很好的学生，在家里一定是很乖的孩子。

吃过午饭，老人不肯午睡，盼下午。于是就来等。

老人想想就有点后悔。为什么不问问她的名字呢?

老人坚定地看着凉亭檐外的雨瀑,等。今天等不到,明天雨总该停了吧。他怨自己,应该告诉她,他肚里有好几百个故事呢,好的还在后头。可真是的,为什么不讲个更好的呢?

老人盼望女孩能这时出现。他心里准备着这话:“你看,我在这等你呢。”

孙女又该来絮叨了。老人有些胆怯地望了望他来的路,白花花一片雨渍。要是孙女再一次来,他真的不好意思不回去呐。

雨下得更大,天上一股劲,地上一股劲,将雨绳拉得笔直。老人有些遗憾:雨委实太急,要不,小女孩哪能不来呢?

伏雨,不伤人。老人没觉得冷或者孤独什么的。他想:女孩若是来了,定要为她讲两个好的。

想起那一担水

我不到13周岁，便领着小我3岁的弟弟天天上山打柴，终日劳作在风雪里，活实在干不了多少，可罪比成年人受得还多！因此，发现那个小山沟里冬天的雪一年少于一年，我并不知道这是灾难降临，心底却暗自庆幸道，享福了，往后。

1965年，未满16周岁的我成了个小男子汉，走3里半去沟里挑水，大约70斤重，我能不歇肩地一口气挑到家！可这年秋后大旱，沟里那口号称千年不干的大井湾子见了底(那口井是长流水，不过一米见方，4尺多深)，吃水就只好跑去5里外的四队挑。山路坎坷，步步上坡，挑一担水不歇肩膀，往返也得将近两小时！生产队正打场呢，没水饮牲口，每天轮班，派两个壮劳动力去邻屯四队挑回8担水，这天轮到父亲，他却病了，我说，我去！

四队村头那口井被我们抢干，就再多出一里路，到姓庄的人家的房后去挑。这样4担水就白白多出8里路！我一连挑了3趟，眼睛让汗水卤得睁不开，肩膀冒火，换肩时扁担碾过后脊梁，疼得我咬牙切齿，然而，我硬是撑下来3趟。这时，那位同伴借口嗓子疼，请假回去了，只剩下我一个。队长说，文显，你也歇着吧。我一咬牙，挑！

摇着水桶离开了队部，我似乎感受到背后许多人赞赏的目光。我并不比别人差！天要下雪了，一股潮湿的风吹拂着我的前胸，我仿佛感到自己一下子长大了……

进入四队居民区，我的水桶摇出了好多农妇。她们的眼神很复杂，有优越感，也有被掠夺感。我迎着这些目光昂然奔向那口简易水井，我受队长委派，不是偷水！

到了井边，略微休息了一下，我喝了两次水。我肚子已饱得不能再喝。在这里喝一口，就省却家里一口，家家水缸里的水比米都贵啊。我恋恋不舍地望了一眼那口井，又瞅了瞅手中的扁担，还能把它挑回队部吗，我已经精疲力竭了呀。

水桶刚离了地，我突然有不祥的预兆。住在附近那个老五保户朝我走来。他不认识我，脸上却带着笑。尽管我很害怕，该来的还是来了："小伙子，你行行好，帮我挑一担水吧。"

我的力气已经用到极限，我还有6里多山路要挣扎呢。可那双挂满眼屎的烂红眼献媚地笑着，让我无法推辞。我一咬牙，没说话，挑起来，朝着那条夹在狭窄篱笆中的小道走去。老汉嘴里不住地道着谢，我一个字也没听进去……

山沟日照短，天说黑就黑。我挑着第4担水艰难地蹒跚在崎岖的小路上。迈完每一步，我都怀疑是不是马上就栽倒，永远不再起来。我想，一个城市出生的少年，沦落于这等地方，他聪明好学，却没有读书的机会，天天混在充斥着汗腥、狐臊、屁臭的社员堆里，白天机器似的劳作，夜里一身酸痛，没完没了地学那些"大道理"，这罪真受够了，死了倒好……思想一溜号，脚下一绊，差点把水洒了！我的脑袋嗡地一下子，一种本能提醒我，不能半途而废，我一定要把它挑回家！

我一步一步地捱，走完了这艰难的6里山路。队部那盏暗淡的煤油灯把窗纸舔黄,给我以怎样的温暖和召唤啊,委屈、孤独、还有成就感,复杂的情绪纠缠着我,我到家了!

推开门,我很吃惊:老队长收工后还没走,在与记工员商量什么事,一见我,特别感动,连忙亲自把水提起来,倒进水缸……老队长的眼圈红了,说:"这孩子,真实在,你挑得溜溜满!"多少日子过去,我才发现一个秘密:成年人为了省力,根本不把水桶打满的,那个嗓子疼的大人,也是因为凭空多出一里路来,才借"病"逃脱……老队长吩咐记工员:"给文显加2分工。"

那天,我挣了全队最高的工分,多出的部分,价值7分多钱!

痛苦忘掉了,剩下的全是欣慰和自豪,2分工!那个年代,有一个未谙世事的孩子,为生产队挑回了有史以来最满的一担水。那2分工鼓励着他,诚实为人不吃亏。或许就是这个信仰鞭策着他,一步步走出山沟,一点点拥有了大批的肝胆相照的朋友……

清贫的祖母

将白面发酵、揉好，装入刻有各种图案的木模中按实，就做出形状各异的面点，放在锅里烙熟，家乡人谓之“钵花”（音）。某个七夕，祖母在故乡指着一个蛇形“钵花”告诉我，她就是属“小龙”的，祖母只说属“小龙”，忌讳说“蛇”字。

记忆中的祖母形象模糊。我5到7岁时，在原籍依靠她生活将近两年。只记得祖母每逢赶集前，必去叔奶家，两人相帮着用棉线在脸上反复滚动以去除颊上的汗毛，称作“绞脸”，然后就换上体面些的衣服出门了。老人家筐里常要放上一只白色的瓶子，去集市称那廉价“雪花膏”回来美容。祖母春节后还要走亲戚，用一竹筐挎着10只馒头，坐在人家炕上唠哇唠，仿佛多少年没见面似的……在我的记忆中，祖母手中永远拿着活儿，打麻绳的拨锤儿，纳着的鞋底或者套在袜板上待补的袜子，如果坐在炕上接待街坊邻居，她手中就换成绣花撑子、正钉着的盖帘儿……即使睡觉，祖母的手指上也还牢牢地长着一枚铜顶针儿，那是她的劳动保护。如果大海退潮，祖母便穿上一双被海水腌透了的旧布鞋赶海，去礁石缝捡海货改善家里的生活。

13岁那年深秋，我随父亲到东北投奔已闯了关东的祖母。老人家已经近60岁了，腋下夹只麻袋，带着我去东山坡，从荒草中摘得半麻袋多角瓜，随便拧根枝条扎上口儿，虾腰一用力，竟然搬到肩上，扛着下了山。现在回忆，那些瓜至少也有60斤以上，从那我才知道，祖母是小脚的，那双脚裹得变了形，大脚趾头外的另四个趾头都掰折压在脚掌下，每天出门就爬山，真不容易呀。

老人家没文化，而父亲读过5年私塾，母子就说不到一处。另一条重要原因就是祖父去世过早，祖母改嫁，父亲不能接受。母子俩不断争吵，两年后，父亲在祖母房后盖了屋，我们就与祖母分居。

可我与二弟跟祖母感情深厚，经常偷偷去前屋跟祖母说会儿话，活也帮着干一些。毕竟是一家人，父亲睁只眼闭只眼。祖母有口差样的，舍不得吃，上顿下顿总给我俩留着。那时候日子寡淡得一点滋味也没有，我与弟弟见到好吃的如苍蝇见血，从没想过一对60多岁的老人从牙缝里省出点东西是如何艰难。

继祖父去世后，我搬过去奉养祖母。祖母辛勤、节俭，睁开眼就没见她闲着的时候。有时候我都累，她老人家忙这忙那，当孙子的想歇一下怎么好意思呀。嫌房子小，趁祖母回原籍探亲时，我翻盖了新屋。

忘不了祖母从山东回来的情景。我按照她来信的行程去百里外的通化接站。那时慢车逢站就停，70多岁的老人，在车上捱了近三天！在站内见到祖母，她胸前悬着竹筐，背后顶着包袱，被人流裹挟上天桥。我打开竹篮检看，有红薯面，粉条子，地瓜干儿，还有一只笨重的大玻璃瓶，里面装了大约3斤白酒。知道我父亲爱杯中物，老人家背了3000多里路！

我算个无用的人，家务总是安排得不理想。祖母住东屋，那炕收拾了几次，冬天总是烧不热，我就去沟外拉回些煤，弄个煤炉子，那时刚发明塑料布缝的电褥子，老人家日夜用被蒙着，好歹温乎了些。

就这，她挺高兴，逢人就夸，孙子很孝顺呢，山沟里头一份的电褥子她享受了。现在想想,真是悔愧不迭呀。

在一起久了,我与祖母也就发生了分歧。山沟人没文化,那种近乎固执的迷信我受不了。祖母也就常常夹在我与神之间受气。每逢过年,老人家必在院子里供几只馒头或一碗饺子,她跪在地上虔诚地磕头,我时不时地说上几句嘲讽神的话。祖母不敢接茬,她是怕神灵降灾难于我呢。家里的庄稼生了虫子,她就搬几块石头,盖座虫王爷庙,十分认真地祈祷虫王爷可怜,把虫子收回去吧。我买回农药,上地喷洒前还故意刺激她:“奶奶,你说我喷还是不喷?”窘得老人家语无伦次,我就仿佛为破除迷信做了点啥似的,特有成就感。

祖母年近80,还经常扫院子,拔菜园的草。通常是边做边唠叨,说院子里鸡屎绊倒人了,说菜地里的草找不着庄稼了……我总拿话噎她:“没人让你干,你这是何苦!”我不知道老年人的孤独,有时候她去邻居家串门,话说漏了,我也嫌她招是非……

祖母身体虽结实,也有肚子疼的病。那时的条件,生了病就知道吃止痛片,我给买的肝胃气疼片,差不多就是奢侈品了。山沟一粒细粮不产,她暮年时,我每天供应她一只二两重的面包,老人家这份自豪哟,整个山沟没人不知道,她的孙子供她面包吃……

写到这里,我已泪流满面。对不起呀,奶奶。记忆中我带您去看过几次病,疼痛稍稍减缓,您就说,好了。您知道孙儿没钱,我也就不再坚持。1984年夏,您说想吃带鱼,我仅去山外买回几条,那一次吃过,也就没了下回……谁想到,当年秋天,您一次午睡,就再没有醒来。

哦,祖母,清贫一生的祖母,辛劳一世的祖母,直到您临走的那几天,还不停地去李树下捡熟透掉落的果实,攒满一筐。您没有多余的钱,那是要送给您山外的老朋友……我悔呀,也就是春节,才给您10元钱“压腰”,除此之外,还有几只鸡,没粮食喂,也生不了多少蛋的。

如今我搬到省城,过上了小康日子,您却被丢弃在荒山野外。时过20多年,每见到带鱼我就有内疚感。

当一回真正的老师

接任了七年级一班班主任的第五个周一，我讲了几首苏东坡和辛弃疾的词，讲完后，我反复强调苏轼和辛弃疾在宋朝词坛举足轻重的地位：“哪位同学家装了宽带，请帮老师搜集一些这两位词人的作品。有打印机最好，多打印几份，明天分给同学们共同赏析。”这是我独特的教学方法之一，我讲课总是让学生尽可能多涉猎一些知识，通过对文章、作者的认识，达到举一反三的目的，日积月累，孩子们的知识面相当宽。从教10多年来，我带的一直是全年级的“火箭”班，哪个想不服都不行。

部署完任务，我温和的目光缓缓地从孩子们的面前扫过，可能是打印机这个条件有点难度，同学们左顾右盼，没有表态的。突然，我发现坐在后排的许明媚有些羞涩、迟疑地举起了手。我心里一热，这孩子入学以来，就一直少言寡语，她不与同学们接近，自然也没谁搭理她，想不到这孩子救了我的急。我马上点许明媚的名，问：“你能帮助老师搜集资料？”许明媚点点头，脸腾地红了。我高兴地说：“好，这个任务就交给许明媚同学了。”考虑到打印成本较高，我又补充，“字不用太大，你凑满一张纸吧。”

说完这些，我并没太往心里去。这孩子即使完不成任务，也无所谓，我接着讲就是了,不影响课程的正常进展。

第二天自习课,我刚进入教室,许明媚便拿出按照我吩咐打印的资料。全班48个学生,她竟然复印了48份,每个同学都有。最后剩一份,她说:“老师,这个给您。”

这太出乎我意料了,我的意思,只要那么几份就可以了,同学们可以相互传阅呀。我有些感动地问:“明媚,你呢?”

“我的全在这儿呢。”许明媚指了指自己的脑袋,露出了两颗尖尖的虎牙。

哟,小家伙不简单呢。我方才扫过一眼,她搜集了苏、辛词作各两首,绝对是同学们未曾接触过的,也就是说,昨夜,她背诵过了这4首词!我让她上台讲讲看,她站到前面,不用看资料,先介绍了两位诗人的生平,然后背诵着领读,虽然有些紧张,但背诵得一字不错!

教室里掌声雷动。我看见许明媚这个一向不言不语的女孩儿,激动得小脸绯红!

我问:“愿意多为班级做些事吗?”

“愿意。”许明媚极高兴得到了这个表现的机会。

“你会打字?会上网?”我有些好奇,现在的孩子就知道打游戏,她搞的资料,为了节省版面,需要打字和版面调整的。

“我不会。我妈会。”女孩骄傲地说,“老师,我妈告诉我了,以后查资料的事,您找我就行了。”

在全校教师中,我是最会做工作的。每接手一个新班,我就发给所有学生各一份调查表,当然是我自己打印的。我要求同学们填写各自家庭的自然情况,很详细。说是便于老师和家长的交流,其实真正的用意只有我自己知道,我可以从中获得我需要的信息。这个办法极其有效,最近学校要参加全区大型运动会,我的学生往返有汽车接,与会期间有矿泉水喝,甚至还有秧歌队免费代表我们班级向大会献节目……这些都是学生家长们各尽所能奉献的。如今的孩子，在家中那就是祖宗，当老师的给家长分派点事儿，嘿，屁颠屁颠的，比干他们的本职工作认真多了！

许明媚主动要求包揽下查资料这个小活儿。她填报父母的情况，是自由职业者。用不着具体细问，仅从孩子的衣着上，我就知道她家庭没有多富裕了，她也只能在这些小事上有所表现吧，大的做不动啊。这孩子不像是三分钟热情，她的表情告诉我是真诚的。

为了验证我的观察力，我接连又让许明媚查了两次资料，她任务完成得相当出色，资料中有些甚至很枯燥的内容，她都率先背诵过……得到这出风头的机会，许明媚的状态也有了很大好转，提问时，很踊跃地举手，课间乐意与同学们交流，学习成绩也渐渐赶了上来。

真是歪打正着，这一摊派不但方便了我的教学，还帮助许明媚改变了自卑心理，真是一箭双雕。

期中考试，许明媚名列全班前五！宣布成绩时，当场就有3个学生哭了，两个是成绩跌落的，另一个是许明媚，她上学以来就没有过这样的成绩。拍着明媚的肩膀，做老师的很有成就感啊。我发现，这孩子作文相当有创意，当场就提出，让同学们选她当了语文科代表。

学校有食堂，但一些富家和贫家的孩子还是自己带饭。前者嫌食堂伙食差，后者是嫌贵。许明媚就是带饭一族，我想她是后者。公布了成绩第二天，许明媚老早就神秘兮兮地告诉我："老师，您中午不去食堂吧，我妈妈让我给您带了一份呢。"我暗暗好笑，这是升官答谢呢，现在的孩子，哪个也不傻。

中午，我吃上了明媚妈妈做的"可乐鸡翅"，味道真不错呢。我夸奖，你妈妈手艺特棒。明媚自豪地说，老师喜欢，我每个星期二都给您带一次。

期末考试马上来临，听说这次要全市统考。正忙得脚打后脑勺，咳，又赶上评职称，我必须上交论文，还要一式8份，这不要我命吗？焦急中，我突然想起了许明媚，对呀，让她妈妈帮助一下不就可以了吗？

论文做得出乎意料地漂亮，不但装订好了，还印了铜版纸的封面，像一本书。可以想见，我的论文跟同行的相比，肯定是鹤立鸡群，这创意连我自己也想不出来。

我感觉明媚的妈妈保准是个聪明人。是啊，自由职业者，包括作家、艺人乃至个体老板，藏龙卧虎呢。在校门口见过一回，她接明媚回家，极普通的一个人呢。我想到了那句古语，真人不露相。多亏我不是那种势利小人，当时我很热情，还对查印资料的事表示过感谢呢。

终考前夕的一个周末，我去看一位朋友。经过一家打字复印社门口，突然见到一个女人从里面出来。那不是许明媚的妈妈吗，原来她在这儿工作，怪不得打字复印方便。

没来得及打招呼，许妈妈急匆匆地钻入人群，噢，她是没发现我呀。望着她走远后，我也进了这家打字社。里面有个中年女人独坐，我问："谁是老板？"

"我是，您……"

"那刚才出去的……"我想，明媚妈妈可能是打字员。

"噢，她呀。"女老板道，"我的客户。隔三岔五就来复印材料，挺不容易的。"

老板告诉我，这个女人家庭困难，两口子开了个小修鞋店，供一个女儿上学。今年遇上了位好老师，没有小看她女儿，还把查资料的重任交给女儿办。可她家里哪有电脑啊，更别说打字复印了。当妈妈的不能让闺女失了信，她报名参加电脑培训班，当起了老学生。起初求老师帮助，很快自己学会了上网、打字……这之后，闺女每回接到任务，她就连夜泡网吧，把资料拷入U盘，再到这里打印。

“有时候弄到半夜。我支持她，打个电话就开门帮她复印。当然，也是为了生意。”老板说。

我登时像遭到高压电击一样，僵在了那里。我还够为人师表吗，利用这点职权，教学所需的资料摊派，连关系自己前程的论文也不想动手，把一个修鞋的妈妈逼成什么样子，她还要感谢我，我反觉得自己是救世主一般！我想到了小明媚，她完成那么繁重的作业，还要强制自己背诵搜集的资料，付出这么艰苦的劳动，会不会只是为替妈妈省一张复印的钱啊？我还想到了她可怜的母亲，为取悦我这个“好老师”，煞费苦心做的可乐鸡翅，那一餐是不是得连累她家吃好几顿咸菜呀。而我家里有电脑12年了，第一代机器前年70元卖给了收废品的，如今家里两个笔记本，2004年那个台式机嫌速度慢，闲在那儿，打印机也更换成激光的。我为什么不能把家中闲置的电脑和淘汰的喷墨打印机送给她呢，她一家会如获至宝。想到这，我打听清楚了许明媚家的具体地址，兴冲冲地找了过去，我要通过这项馈赠，安抚我良心上的愧疚。

然而，拉开那间修鞋店的门，我又一次惊呆了：总共10平方米的空间，傍门处安着个货架，上面堆满了鞋子；靠最里面一张床，还有一张支起来的折叠床，可能是明媚的……

见到我光临，一家三口欢喜得不知如何表达，爸爸给我倒了杯水，双手奉上，但一低头，发现茶缸子早已挂满了茶锈，那张饱经风霜的脸立即红了。

我抢过那只茶杯，狠歹歹地喝了一大口，一把将明媚拉入自己怀里。我说：“明媚是个品学兼优的好孩子，耽误她，是对社会的犯罪。老师今天特意接你到我家去住。老师家房子很大很大，我就问你，敢不敢跟老师保证，到了那边，给我巩固住前五名？”我做出这样的决定，拿前五名的话也是给她的爸妈布下台阶，穷人往往比富人更讲究骨气。

一家三口全哭了。那一刻，我才感觉到，自己当了一回真正的人民教师！

理 发 男 孩

长春市的桂林路和新疆路交叉处,有一家农贸市场,虽然破旧不堪,但那里有一家酱肉铺,出售的狗肉、驴肉极具特色,那市场的活胖头鱼也较别处的好,所以我常常舍近求远,去那边买吃的。

今年5月底的一天,家乡有客人来电话,说他18点到省城。我得让他夸几句这里的狗肉、驴肉还有胖头鱼啊,下班后就去了那家市场。买完东西走出市场大门,刚要过马路,突然,有个小伙子从后面一下子把我扯住了。

我吓了一跳,以为是遇上了打劫的,因为我刚发了工资,在口袋里揣着呢。那小伙子向马路对面一指,我明白了,这地方车乱,他怕我让汽车轧着。我朝他点头笑了笑,说不会的,这汽车虽然乱,却慢得很。

谁知道那小伙子还是纠缠住我不放,而且还是一个劲地往马路对过指。我疑惑间,他指了指我的头发,嗬,我恍然大悟,这是个哑巴,他是提醒我的头发长了,要求给我理发,刚才他指的不是汽车,马路对面再往南20米,盖着一座小雨亭,挂着片纸壳儿,上面写着“理发、刮脸”四个字。

我不由从心底生出一股怜悯。这么俊俏的男孩,怎么就会是个聋哑人！他干嘛不去社区找份固定的工作,却在这里跟行乞似的求着给人理发。可我不能成全他的生意。我对他晃了晃手中的食品,对他用夸张的口型说,明天。

他高兴了,在手心认真地写了一个"明",又写了一个"天",征询地望着我。我点点头,那男孩就仿佛真的做成了生意,冲我作了个长揖,就转身物色另外的顾客去了。

走出去100多米,我越想越觉得不合适:他会不会认为我骗了他呢,如果回过味儿来,这孩子今天得多伤心啊。

我提着东西又转回去,拍拍他的肩。

这下子坏了。他以为我改主意要马上理发,就堆了一脸笑,把我往马路对过请。我赶紧解释,指指他手腕上,意思是问他明天几点工作。我根本不会哑语,男孩再次误会,以为我问钟点,他从上衣口袋里掏出一块怀表,递到我手里让我看。我不接,费了好大劲,他才彻底明白我的意思,很感动地告诉我,明天9点到17点,他都在那个雨亭中等我。

一路上,我暗暗叮嘱自己,记忆再不好,也不可忘记了对那聋哑男孩的承诺。

第二天上班,领导突然要开会,为一个什么问题,大家争论不休,吃完工作餐,继续争论,我早把理发的事儿给忘到九霄云外去了。

16点多,窗外猛然下起了瓢泼大雨,马路上积水很深,行人狼狈不堪。室内的同事们隔窗欣赏路人的窘状,很有一种优越感。看着一位推车子的小贩,在积水中艰难地行进,我突然就想起了那个聋哑男孩,我答应过他今天去理发的呀。跟同事说了,同事就笑,这大雨,谁还在傻等着你,有病,你以为你是谁呀。

不行,我无论如何得过去一趟,哪怕他不在,我也就安了心。我冲进雨中,好歹拦住一辆出租(其实步行也只用10多分钟),钻进车子时,我身上便湿透了。

远远的，我看到那个雨亭子，孤零零地站着一个人影，双手抱臂，显得是那么孤独和凄冷！车子只能在路边停，我顶着雨窜过去。那男孩认出了我，傻乎乎地咧开大嘴，只知道笑，马上为我脱去湿透了的外衣，小心地挂在亭柱子上，他开始为我理发。

雨溅得厉害，本来就湿透了的膝盖又溅上了雨水。男孩把我尽量往后挪，这样就淋不湿衣服了。可我无意中一回头，发现他的脊背却露在亭子外，雨水哗哗地流在他身上！

我俩推让了好几次，才算把头发剪完。

男孩很兴奋，好像为我做什么都心甘情愿。剪完了，给他多少钱呢？我想，顶多5元，这条件。我掏出一张10元币给他，他哇哇叫着不接。我心里咯噔一下，要敲诈？可毕竟是聋哑人，别跟他一般见识吧。我又掏出一张百元的。这回他还是不接，只是直冲着我鞠躬。

平心而论，我来剪这个头，打车花掉5元，又淋得如此惨，真委屈到家了。给你一百元还不知足？然而，这个哑巴身体强壮，手中还握着锋利的剃刀，我一个50多岁的文弱书生，想抵抗，想逃跑，都是不可能的。而雨中远近没见一个人影儿，我的确感到从未有过的后悔和恐怖！昨天领的工资我已放在家里，口袋里共约160块钱，我都掏出来。咳，你说我倒是找这份不自在干什么，真是活该。

那男孩看出我误会了他的意思。他将剃刀收起，反复跟我比划，终于，我看出门道来了，其实哑语不是很复杂的，比划多了，我也能懂，他是说，你能来，我很感谢，不收钱了。

是这样？他等在雨中，又淋得后背透湿，都是为了我呀，我白让他服务？这回轮到我内疚了，刚才还怀疑人家要讹诈呢。

男孩又朝我竖了竖拇指，似乎是夸我守信用。接着，他从兜里掏出一把带尖柄的塑料梳子，探到雨亭外的草地上，写一个字，让我看一下，他写的是:“可以叫你爸爸吗?”

我的眼泪一下子蹿了出来。可怜的哑巴孩儿,我为你做了什么,敢担得起那么神圣的称呼?我一把搂住这男孩,任他顶着冷风呜呜地哭,把眼泪鼻涕都蹭到了我的身上……

不能给他很多钱,那会伤害他的自尊心。我写一篇文章吧,呼吁大家都来关心、尊重和疼爱残疾人,之后再把样刊送给他。我知道,这孩子能活到今天,他一定还会这样坚强地活过明天、后天,直到他老去……

等　待

听朋友说，某山区小镇还保留着好多旧时的木楞房，老画家异常激动，就在一个夏季，带着5个学生去那边写生。

辗转数日，找到了那个地方，却发现一切都变了，小镇重新规划，木楞房早就没影儿啦。老画家才反应过来，那朋友也不知道把记忆中哪年的事说给了他！但山林风光还是蛮好的，老画家就带着学生们顺着一条马车土道往深山里走，找到满意的地方，就画到黄昏才返回。

这一天，师生一行走得远了些，拐过一个弯儿，眼前突然一亮：隔着一道陡峭的山涧，对面半山坡十几间草屋隐现于浓荫淡雾中，柴篱豆花，鸡鸣狗叫，闲步的牛犊，那景色简直太美了！不待吩咐，学生们抢着打开了画夹子……

吃过午餐，师生们正稍事休息，忽听到枯枝踩断的声音，一个衣襟破旧的男孩，站在他们不远处，怯怯地望着他们，想离开，又有些不甘心的样子。

老画家不由生出些热情来，招招手："孩子，过来。你是那边山坡上住的？"

得到允许，男孩大着胆子地过来，观看学生们的画作，那张脏兮兮的小脸上写满了惊奇。

老画家问，几年级了，孩子？

孩子眼里一下子蓄满了复杂的神色，他摇摇头：“没念书。”孩子说，原来有村小学，后来，修水库，把小屯子隔在这边，上学太费事了。孩子们到了年龄，家长到学校报个名，就算是上了学。

这不是坑人吗！老画家问孩子，知道北京不？孩子点头。知道奥运、知道国歌不？孩子摇头。

这么好的孩子，居然被阻隔在求学的大墙外！老画家心里一痛，让孩子倚树而立，他亲自给画了张像。问：“是不是你？”孩子接过，一下子笑出个鼻涕泡，可能意识到失态，谢字也没说，飞也似的逃了。

学生感叹，不读书的人就是差劲，咱全省有名的画家亲自执笔，他就这么拿走了，白浪费老师的感情。

老画家笑笑：“跟他计较什么？一个孩子。接着画画！”

画到太阳悄然跌落，老画家带领学生们急往小镇返，走到马车道口，却听见急匆匆的跑步声，是刚才画像的男孩，他身后跟着四五个七大八小的孩子，一律地衣衫破烂。孩子们站在路边，贪婪地望着他们，像一群要吃人的狼崽儿。

老画家恍然大悟：“孩子们，是不是想找我们画像？”

刚才那男孩不住地点头。

“太晚了。”老画家说，“天一黑，我们可就找不到家了。这样吧，明天上午，还在这里。咱说话算数。”那男孩急忙回身安抚了伙伴们几句，孩子们就站在路边，目送着师生几位下了山。

吃过饭才躺下，有个学生报告老师，明天有车子出山，招待所老板都给联系好了，咱正好搭乘回省城，学生们一片欢呼，在这深山老林待久了，他们渴望回到现实生活中去。

可老画家正色道:“不能回去。咱答应给小孩画像了。”

学生们不解:“老师,不就画张像吗,为几个孩子,何必那么认真?老板说过,那车子好几天才遇到一回。”

老画家往床上一倒:“老师像你们这么大时,这种地方没少走,哪一回坐过车了?再说,这小镇不可能找不到车,花多少钱算我的!”他望着天花板,缓缓地说,“我反应过来了,山涧‘对面能说话,拉手得半年’。那男孩跑回屯里,再带伙伴们来,就费掉将近半天的时间,怪不得他们不能到这小镇读书!跟我们分手,他们到家得半夜!明天,孩子们还去那里等,咱就这么走了?”

“等不着,难道他们就不活了。”一个学生轻声嘟囔,“谁那么死心眼。”

老画家腾地坐起来:“谁要回,明天请便。我必须得到那边去。这些孩子,不知道国歌,不知道奥运,老师这一夜都没睡好,太空白了呀。难道要我在这些‘白纸’的第一笔,先写上‘欺骗’二字!”

第二天,学生们跟着老师又来到了那个地方。一直等到中午,孩子们也没来。学生纷纷谴责,山沟小孩素质低,不知道名画家特意为他们滞留一天吗?老画家厉声道,他们还是孩子。孩子可以犯错误,而我们不可以!

正吼着,听到有人咳嗽,见一个老农站在不远处,惊喜地说:“原来你们在这儿!大伙等了一头午,寻思你们不来了呢。”

这是怎么回事?隔崖相望小村屯,昨天……师生们跟着老农往前走,这才恍然大悟,马车道是些连续S形的拐弯,他们少走了一个……

土路边,师生们全呆住了:10多名老老少少,把瞧上眼的衣服全穿在身上,他们陪孩子们请画家画像,各自胳膊上都挎着土特产!

画家老泪纵横:“东西不要。请带我们到屯子里去,画。什么时候你们说足了,我们再离开,就因为你们这一番等待……”

迷恋游戏的男孩

前年,去鄂南山区访友,约定要多住几天,我便带了笔记本电脑过去。老友得闲,我俩叙旧;老友忙时,我躲在阁楼写故事赚稿费,用前些年的话,是革命生产两不误,毕竟大家都要生存嘛。

入住4天后,老友的妻妹从乡下过来看姐姐,带来她10岁的儿子。小家伙长得瘦小精干,一双眼珠滴溜溜转,一看就是个活泼聪明的孩子。他见我用电脑,便十分依恋地站在我身后看。我听说过他的家境,不可能拥有这种玩意儿的。我问他接触过电脑吗?他说学校有别人捐赠的,但轻易不让摸,他只会玩点游戏。他说他太喜欢电脑了,因此长大要当科学家,可以整天玩电脑。

男孩总站在我身后,干扰我的思路,刚萌生的一个想法无论如何也找不到切入口。为了摆脱这种境况,我问男孩:“要不你玩一下游戏?”

男孩的眼里射出火花,忙不迭地说:“谢谢叔叔!”此时,他妈妈也在房间内,我当着他妈妈说:“让你儿子玩一小时的电脑,可以吧?”他妈妈又让孩子谢谢我。

我起身离开前,告诉男孩:“现在是6点半,过了7点半,我过来制止你。”

男孩答应得无比痛快。

我去老友家对南的河边，边散步边理顺刚才的构思，感觉有些累了，抬腕看，哟，快8点了！我知道孩子都贪玩，这样超过半小时再赶他下去，于情于理都说得过去，于是我快步回去。

男孩仍然在玩着一个射击类游戏，见我回来，略一慌乱，叫了声："叔叔"，眼睛还是盯着画面不放。我提醒他："时间可是超过了呀。"

男孩边忙边撒谎说，他刚刚找到游戏方式。

我知道中了他的计，只好在一边的床上躺下，继续梳理我已经梳理得十分清晰的思路，我怕过一会儿错过时机，也许没了感觉，那损失可就大了。

男孩的妈妈早到楼下打麻将去了，这个阁楼是个大套间，男孩，他妈妈还有姥姥睡里间，现在阁楼外间只我和男孩两个人。

我盯着男孩看。小家伙出奇地关注，他是多么担心我随时将电脑收回呀。而此时已经近9点了，我想出了主意："孩子，我不能让你再玩下去了。你的眼睛受不了，你妈妈会骂我的。"

"叔叔，我刚捡到了一把好枪。"男孩乞求道。

"那好，再给你10分钟，够不够？"

就这样，我隔一段催促一次，可男孩就是不下来，我也不好硬抢过来是不是。躺在床上，我被自己的构思折磨得好苦，近在咫尺的电脑，却不属于我。你说我犯傻不是，干什么要让这孩子玩电脑呢，这叫引狼入室，或者是咎由自取？男孩的妈妈也是，玩起麻将来，孩子都不管了。说实话，我从不玩麻将，甚至鄙视那些一接触赌博眼睛瞪得滚圆的人，下午，这个女人还对我滔滔不绝地炫耀她儿子如何出色，难道就这么个出色法？

任我怎么旁敲侧击，男孩就是不下来。我的心情越变越坏，索性钻进被窝，随他吧。

直到过了零点，男孩的妈妈才上楼，脸上挂着胜利者的微笑，可能是赢了钱。她吃惊地责备儿子:“你怎么还玩?赶紧下来,影响叔叔写作了!”

男孩机械地退出。我让他顺便把机器关了,是说给他妈妈听,这就是你夸奖的优秀儿子。现在才说耽误我写作,有意义吗?

男孩进了套间里。他妈妈对我笑笑:“真不好意思。”

不好意思就完了?我憋着气呢。但我又不好意思拿影响写作说事,我说:“你们娘儿俩真行,玩到半夜。”见她一愣,我把话锋一转,“不要孩子眼睛了?这样一玩6个小时,他眼睛受影响,你这当妈的失职呀。”

这一炮击中对方要害。女人登时脸色大变,忙问我阻止过她儿子几次?我添油加醋地描述了一番。你不是陶醉于你儿子如何如何优秀吗。我从孩子的熟练程度,断定他是个玩游戏的老手了,肯定去过网吧,这样下去,别说当科学家了,那后果不可想像。那女子听得脸色煞白,这让我获取了某种快感,越发侃侃而谈,直到我感觉这口气消了才罢。

过了最佳睡眠时间,我失眠了。想想自己,一把年纪,刚才这是何苦?贪玩是孩子的天性,至于那么危言耸听吗?何况那是一个多么机灵可爱的男孩呀,我的行为构成了恶意中伤!不知道具体折腾到几点,我决定明天做点补偿,这才昏然睡去。

次日上午,男孩一直躲在房间里写作业。傍午出来,伏在桌子旁边静静地看我打字。他是眼馋呢。内疚加恻隐,我忍不住问他:“作业怎么样?”

“全部完成!”男孩肯定意识到了希望,好鬼头的小家伙!

“表现不错!”我夸奖着,“中午饭后,我可以奖励你玩一小时电脑。怎么样?”

男孩差点要蹦起来了。

“不过,你昨天晚上表现不好。”我斟字酌句地说,我不能承认昨夜我当他妈妈夸张的进谗,我说,“今天就是一小时,咱男子汉要说话算数。”

男孩痛快地与我击掌、拉钩。我暗自决定,就是超过个把小时也无妨,孩子嘛。

这时,男孩的妈妈在楼下喊我下去吃饭,男孩先飞下楼去。我简单处理了一下事务,才来到餐桌。

可是我看见男孩眼里满是泪,他两个姨妈轮番哄他,说的方言,我一句也不懂,只能傻傻地看着。饭后,男孩的妈妈拉着男孩的手到我面前,告诉我她家有急事,要带儿子回去,并邀请我有时间去她们那儿玩。

就这样,我抱了抱那个仍然含着泪水的男孩,目送他跟着妈妈上了车。

事后我问女主人,才知道男孩哭的原因。孩子兴冲冲下楼:"妈妈,叔叔让我玩一个小时的电脑。"他妈妈的脸立刻拉下来:"玩什么玩,下午马上回家去。"

不用问,是电脑的失望让男孩流了泪。

主人不可能知道详情,可我感觉到了深深的不安。是我的那番暗含冷嘲热讽的话,刺伤了那位年轻母亲的自尊,家庭贫寒的人格外敏感。因此,她决定不接受我的施舍,难怪女主人也纳闷:"这个人,说好了再住几天的,怎么想一出是一出?"

回到家乡,总感觉失去了些什么,那男孩贪婪的目光一直在我面前闪动。这种不安折磨了我好长一个阶段,突然时来运转,我的一部作品被投拍成电视剧,制片人一高兴,送给我一台小巧的笔记本,无论配置和外形都不是那台旧的能相比的。旧笔记本当然要淘汰,一问,当初5千多买的电脑,收废品的只给300块钱,这不骂人吗?

我猛地想起了那个男孩,他的家庭,再过5年也未必有电脑,我把笔记本邮寄给他,小家伙不知道怎么高兴呢,而我也了却了压在心上的一块痛,真是两全其美的好主意!

我被这种想法兴奋得手舞足蹈,立即给朋友打电话,提到了那个酷爱电脑的男孩,我想要男孩家的地址、电话,把笔记本直接邮寄给他。

朋友愣了片刻:“你怎么想到了他?早死了。”

“什么?我是说董雪峰。”

朋友回答没错。就是那个董雪峰,在跟我告别后,跟他妈妈坐车回家,途中出了车祸,母子双双遇难。消息传来时,我已在列车上了,朋友夫妇感觉不过一面之交,也没告诉我。

捏着手机,我觉得整座楼都在向前方飘移。这个秘密只有我一人知道,那母子俩的死亡直接与我有关!是我用苛刻的语言刺伤那年轻的妈妈,才使她突然改变主意坐那趟车回家的!

我眼前出现一双充满渴望的贪婪而又明亮的大眼睛,那孩子在向我恳求:“叔叔,我刚捡到了一把好枪……”

第二辑

非洲雁风波

第二辑

假币变真钞

退休工人于老大想赚稿费，正趴在小桌上写稿子呢，他的老伴兴冲冲跑进来说：“老于，你还骂我，看这是什么？”于老大抬起头一看，老伴手里拿着一大把票子，他不知出了什么事呀，直愣愣地看着对方。老伴笑着说：“那张假钱，让我花出去啦，你还骂我笨不！”老大一愣，反问道：“怎么回事？你说。”“我越想越窝囊，脑子一转弯，他们熊我，我就不会熊他们？我上了一辆中客，嘿，买1元钱的票，找回来99元。”于老大一听，顿时黑了脸：“你混蛋！咱们已经吃人家坑了，怎么还好再坑别人！”老伴让他骂得不敢吭声，心想，我上当你骂我笨；我补救了，你又骂我混蛋，这老婆还怎么当。她退到灶间悄悄地抹眼泪。

事情是这样的：老于单位裁员，他下了岗。老伴早就没了工作，更是无生活来源。为生活，她只好批点干菜到市场上卖，多少折腾赚个油盐钱。可是，老伴没经验，在市场上忙活一天，到天黑回来时发现收了一张假币，气得于老大连声骂她不中用。没想到老伴挨了骂，又拿假币去害了别人，于老大能不生气嘛。

于老大越想越窝火，他这人脾气暴，一赌气躺到炕上，晚饭不吃啦。

老伴左哄右劝，于老大就是不吃饭。她能不心疼嘛，想想也是，穷死也不该再坑别人，她就说："老头子，你也别上火啦，这钱能还给人家。我坐那车时记住车号啦，尾数是3544，跟咱路口电话亭号码一样，当时我就觉得一定有好运气，花出假钱时，我还仔细端详卖票的小媳妇，心里话，你要是给车主打工的，这钱可就坐蜡啦。老实说，我心里也一直胆突突地，我这就领你堵那车去。"

听了这话，老于这才爬起来，饭还是不吃，跟着老伴来到大街上，站了2个小时，到底让他堵着了尾数是3544的那辆中客，车上可不就是那位女售票员。

于老伴红着脸递过去一沓子钱，对那女售票员说："闺女，你看我这老脸没场放啦，我家老头子弄张假钱，我把它花给了你，我得还你，虽然钱零碎一点儿，这可是真的。"

一句话把女售票员说愣啦："大妈，您说啥？我倒是记得仿佛有这么个老太太拿张百元票坐过这车，可那钱我细看过，没错呀。"老太太说："你看得太多，难免有马虎的时候，不过我可不能坑你，也绝不让你再坑别人，那假钱你得还我。"

售票员感动得盯住老两口看了又看："真是两位善良的好老人。这趟车不干啦，帮您二老查找假钱去。"原来这车是她自己的，开车的是她丈夫，她讲了当然算。车子掉头开往江边。

去江边做啥？女售票员记得清楚，她总共收了8张大票，都交给朋友买皮衣去啦。马上去讨，钱没出手，也许来得及。她领老两口很快找到那位卖衣服的朋友，说明情况。那朋友也很感动："您二老这样做太对啦，这假币真害人，它扰乱市场，把不少人的思想都扭曲了。哎，我数钱时认真看过来着，那些大票里没假币呀？"她把那沓钱找出来："大妈，您细看，哪张是？"

老太太找了半天，确实没有。也很奇怪："莫不是当初看花了眼？"

“瞎说。那假钱能认出来的,咱楼下小卖店不是也帮着看来着?”于老大扒拉了那些钱后也直了眼:“不对呀,闺女,你是不是搞错啦,那假钱我可绝对认得。”

卖衣服的女子一拍大腿:“糟啦,我可能要丢大人,赶紧补救。二老还得跟我跑一趟,做个证,别让老师误认为我们做生意的人见钱坏良心。”她不由分说,拉上大家就走。

原来,那小贩接到售票员的钱,刚回家,儿子在家撅嘴:“给你传呼怎么老是不回?学校号召同学们捐款支援灾区,大家都捐了,只剩下我自己,多丢人!”小贩连忙哄儿子:“妈事多,没听到传呼机响。这样吧,咱捐100元够不够?”她就是从这些钱里抽出一张百元大票。儿子欢天喜地,接过钱,立马到老师家补捐去啦。

“老师若是发现捐的是假币,那对我们孩子、对我们做生意的会是什么印象!”小贩急得脸通红。

到了老师家。老师也奇怪:“这张钱我看啦,不是假的!”她把钱递到老两口面前:“您二老看,学生还没走,我家就这一张钱,白天捐的都送储蓄所暂存了。”

几双眼大的瞪小的:这张钱也是真币!

果然出鬼啦?于老大抓耳挠腮,半天,一拍大腿:“跑不了,是他干的!老师闺女,假币案子破啦,他即使想赖账也没门!”

于老大年纪大不假,可是他搞文学的年头短,就认了位年轻作家小高为师。这小高老师时常到老于家辅导他,也觉得老于生活底子很厚,听他唠嗑挺有收获,人家谦虚道:“切磋,互补。”老伴不在家,小高可不来过一次嘛,看老于正生气,问明情况,讨过那假币看了看,没说什么,又给夹回那本杂志里了。二人谈了一会文学,对方突然要喝点酒,老于笨手笨脚去切了点咸菜。肯定他乘这功夫,把假币换了去……“他这是看我们老两口日子艰难,又担心我们为此事总吵架，才故意偷换走的……”老于头不住地晃头。

女教师听着，竟然被这故事深深地打动了。她说什么也要陪着老两口一道去破这个假币案，说是要把这故事讲给她的同学听，这高尚的品格和高尚的友谊，本身就是一个绝好的教材！

找假钱的人越聚越多，找到那小伙子的“家”，原来是艺术馆的办公室。人家刚转到这单位不久，清水衙门，还没分到房呢。

老于说：“小高老师这人，他不会承认偷换了假钱，我得智取。不信你们瞧。”

见了面，老于问：“小高老师，你是不是换走我的假币啦？”

“那钱，我不是还给您了嘛。”小高果然矢口否认。

“不对，你看过后，再没有别人到过我家，我有数的。”

“于大叔，我真的还给您啦，您肯定是喝多酒记串了。”

“哎呀小高老师，你可坑了我啦。我那张假币非同一般，今天我才知道，它有收藏意义呢，人家给我2500元要收购……”

“这……”小高脸立刻涨得通红，他从一本杂志里找出一张大票，双手递到于老大面前：“于大叔，我确实不了解这里面的实情……可是，即使有人要买您的，也一定要搞清楚他是不是真的收藏，我觉得收藏假币也未必合法。”

于老大接过假币，看了一眼背面，哈哈大笑：“是它。我怕它再害人，特意在背面做了个作废的记号……”

一直躲在后面不语的女教师在身后开口啦：“小高……”她进门时用围巾遮住脸，这回掀开，露出真面目。

“怎么是你？”小高也愣了。

女教师对大家说：“这事也不算丢人，我实说了吧。今年春天，有热心同事给我俩介绍做朋友，见了几次面，我嫌他话不多，谈着谈着老是溜号，当老师的，顶不喜欢思想溜号的人，我觉得他有些呆气，就提出中断朋友关系。

没想到,小高有这么好的心肠……你能原谅我吗?”

小高瞅瞅这个,看看那个,越看越糊涂:“到底怎么啦?”

于老大心里可明白:“怎么啦?你害我折腾了半夜,差点没饿死老夫。……不行,大家得陪我喝一盅去,还要为俩人的明天庆贺庆贺,一个也不兴推辞!”

谢不完的娘亲

40年前，一个狂风暴雨的深夜，淖儿河北岸的山路上突然出现一位年轻的农村妇女，她身后背着的是她3岁的儿子赵堑生，已经高烧昏迷不醒。妇女淋得仿佛刚从水里捞出来的一样，她冒着急雨，深一脚浅一脚地前行，还得时不时地关注背上裹在油布里的儿子，既怕他淋雨，又怕他憋闷着……

农妇名叫闵玉芳，淖儿河北岸有个20多户的生产小队，她就是小队的民办教师，丈夫出民工修水库刚被哑炮炸死，悲痛未了，儿子半夜又突然高烧不退，这样的大雨，她一个年轻寡妇，实在开不了口去央求哪个男子汉护送她过桥，怕日后有说不完的是非呀，于是，年轻的母亲一咬牙，背起儿子冲进了雨中。

淖儿河上横着一架木板吊桥。平时，社员们要与外地联系，就得踩着它过河。河对岸，有大队所在地，还有一家老中医开的诊所。闵玉芳摸到桥边，俯身一望，桥还在，没被洪水冲走。

闵玉芳胆小。以往过河，总是等桥上没人了，才手扶铁缆，蹲下身子，一步步挪向对岸，每次都跟死过一回似的，吓出通身汗。今天夜里，眼前漆黑，她……闵玉芳祷告一遍："老天爷，我如果今夜该死，您就收走俺娘儿俩一块吧。”于是一咬牙，双眼几乎闭着就迈上了吊桥。奇怪的是，她走在上面，吊桥丝毫没像往日那样晃悠，也就不觉得可怕，就那么顺利地过到对岸，20分钟后，她水淋淋地跪在一脸惊愕的老中医脚下……

赵堑生得救了，小脸绽放出笑容，奶声奶气地数数儿给妈妈听：“一二三……一百。”闵玉芳再次给老大夫跪下：“大夫，我儿子的命也就是俺娘儿俩的命都是您给的。闵玉芳现在身无分文，就剩下这个身子，您想要，我愿意伺候您。”

老中医双手扶起她：“说什么傻话呢，孩子。谁欺负你这样的伟大母亲，等到他死后，恐怕连地狱都不会收留！”

天亮了，雨停了。闵玉芳谢过老中医，带上老人家赠送的药，背着小堑生往回走，可走到吊桥边，她呆住了。吊桥边横拦着一根草绳儿，悬挂着一块木牌，上面用油漆写着：吊桥已坏，危险，禁止通行！日期是3天前。望望对岸，同样用草绳儿拦着，有牌儿提醒着。再看吊桥，好些地方被洪水舔着了，铺着的木板冲掉了许多块，两条支撑吊桥的铁索，有一条的三股已断了两股！

闵老师两腿一软，瘫在地下。昨天夜里只想着儿子的性命，眼前仿佛无物；如果发现了这个警示牌或者看见挣断的铁索，任何人也不敢过河，要是昨夜请别人帮助，到此止步，儿子的命就没了！

闵玉芳挣扎着站起来，沿河往上游走，5里以外，有座石桥。她才离开吊桥百多步，就听一声巨响，吊桥被河水卷走了！

吊桥修复后，闵玉芳再也没敢踏上它一步，那一次，她吓出了恐桥症！

她发誓要把儿子培养成人。儿子啊，幸亏你保佑妈妈顺利过河，你将来必定大富大贵。她常常把这故事讲给小堑生听，告诉他别忘了自己这条命捡回来不容易，别忘了那位善良的老中医。

那时候今天批林批孔，明天学大寨，整天瞎折腾，学生们哪有心思读书啊，唯独堑生牢记住妈妈讲的故事，他想，家里穷得啥都没有了，怎么报答老大夫，只好使劲读书，将来识了字，帮他提提药匣子也是好的。于是下死力气读书，知识自然比一般孩子高出一头。“四人帮”倒台后，恢复高考，他以优异成绩考入名牌大学。赵堑生告别妈妈时，说：“谢谢妈妈。没有您讲的那个故事，就没有儿子的今天。”

毕业后，赵堑生要求回故乡工作。母子相聚的当晚，妈妈又讲了过吊桥的故事。赵堑生叹道：“可惜老中医早已过世，他又没后人。我想报答，都失去机会了。”

闵玉芳说：“老大夫一心为这方百姓造福，你只要记住这一方百姓，就是报答了他啊。”赵堑生说：“我记住了。”

赵堑生把报答这一方百姓当成报答那位救他性命的老中医。回乡不久，他当上副乡长，工作十分努力，获得了领导和同事们的好评。一次，又发洪水，他与同事们参加抢险救援，眼见得一些群众被冲进激流。赵堑生想起了时常响在耳边的那个故事，他想，我这条命本来是白捡的，已经超额使用了30年，豁出去，还有什么不值得的呢，报答乡亲们的机会到了。这样一想，赵副乡长纵身跳入水中，凭着一身好水性和坚强的毅力，他一憋气救上6名群众，直到累瘫在岸边……

赵堑生成了全县人人传颂的英雄。他很快入了党，又被提升为这个乡的党委书记。30多年了，他童年居住的小屯也扩展成一个村，他的母亲闵玉芳老师也把学校发展成一所完小，现在她是完小的校长。赵书记荣升那天，妈妈破例喝下一杯白酒，半开玩笑地对儿子说：“赵书记，妈妈送你一件礼物，妈想再讲一遍那个过吊桥的故事。”

赵书记很恭敬地站起来：“无论职位多高，我永远是您的儿子，那个故事就是我的生命，妈妈讲上千遍万遍，儿子都喜欢听。”

“孩子，妈见识不多，可也看过、听过许多为官的，为了显示自己的政绩，不惜钻政策的空子，讨国家的便宜，这哪里还像个党员干部？妈的确希望你为家乡人民造福，可妈决不能容忍儿子为了自己管辖下的小我，而挖国家的墙脚。”

“我明白了，妈妈。”

赵堑生有个口头禅，开口总是“我妈说……”。渐渐长大了，同学们就开始讥笑他：“你什么事就知道你妈说！”没想到，他理直气壮地反驳一句：“因为我有个妈！”驳得对方眼睛都直了，谁再跟他争论，就等于谁没妈！

当上了党委书记的赵堑生想为家乡造一座桥，别再让像妈妈那样的母亲为了儿子的病，去冒死过吊桥，当然，也为了繁荣家乡的经济。可他坚决不向上级伸手。他家乡出过一位抗日烈士，赵书记对他很佩服，他施展自己的才华，将烈士的生平事迹写成一部小说，又筹集资金重修了烈士墓。那本书传到烈士的老战友手中，老人家在海外已经成为富商，读了小说很受感动，特地来看望小说的作者，并坚持要发给他一笔奖金。赵书记说，我为烈士宣传，义不容辞，无须奖赏；您若是想为烈士家乡做点善事，告慰他在天之灵，不如出资在淖儿河上造一座桥。富商很惊奇地看了赵书记一阵：“先生并不富有啊，为什么拒绝金钱？”

赵书记脸色立刻严肃起来，他讲了母亲给他讲的故事。

富商感叹道：“有这样的人为官，此乡不发展，天理何在！”慷慨地出钱，在淖儿河上架起了一座全县最大、最先进的钢筋水泥桥！

这年秋天，赵堑生政绩突出，百姓口碑绝好，又加上年轻、学历高，经组织部门考核后，破格提升到市里，任政府副市长。他带着未婚妻回到家乡，求母亲跟随他搬到市里居住：“妈呀，儿子就像您创办的一家公司，现在它增值了，您至少分点红利吧。妈劳碌大半生，难道不该到市里住楼房，享清福了吗？”

“这是什么话！妈养儿是一份义务，你的价值属于国家，怎么比作我的私产,副市长就这素质?妈这里有放不下的事业,还有那位老中医长眠在此,离开这些,妈会生病的。临上任,妈还要再讲一遍过吊桥的故事……”

儿子只能尊重母亲的选择。到任后,他经常来看望妈妈,也经常接妈妈到市里小住。不断重温着妈妈讲的那个故事,赵堑生对工作、对人民充满了感激之情,工作极其出色。几年后,他被选为市长,35岁,成为正厅级干部,在全国算来也为数不多。

他的妈妈闵玉芳老师年近60,从校长位置上退下来,可能时间充足,到市里看望儿子的次数多起来,尤其是赵市长有了女儿楠楠,老人家可以尽情享受膝头弄孙之乐,她怎么能不常来这里。赵市长为尽孝道,千方百计地让老人高兴,妈妈守寡半生,容易吗。那次不是她冒死背他过吊桥,哪有他赵堑生的今日,她现在最大的幸福,就是看到儿子出人头地。家里几天一个变化,名画,古玩,现代化家电……所有这些,市长都必先让妈妈欣赏把玩。

谁知道这个暑假,本来说好了临开学再回乡下,可闵老师猛然想起一件事似的,匆匆留下张纸条,就回了淖儿河……

赵市长百思不得其解。母亲轻易不食言,这是怎么了?询问爱人,其实不用问,爱人孝敬还来不及,根本不可能惹婆婆不高兴。赵市长马上带着妻、女,连夜赶到乡下。

不敢跟母亲纠缠,赵市长让媳妇撒娇:“妈妈,您手再大,也遮不过天来。难道您退休后还得来这学校上班吗,那么不信任年轻的同事?退了吧,咱同去享天伦之乐。堑生现在开口闭口还是‘我妈说’……他离不开娘啊。”

“当真?”闵老师问。

“儿子不敢有半句假话。”赵市长说。

“那我还要讲那个故事。”老妈又讲了过吊桥的故事,这故事连孙女楠楠都背得出来。

“妈,您放心。儿子这条命、这一切都是您给的,您跟儿子要什么,儿子决不皱眉头,包括儿子的生命。”赵市长想,是不是妈妈有了黄昏恋,她不好意思开口啊。

“傻儿子。只怪妈把这故事讲得遍数太多,以至你只听皮毛,不辨精髓了。”闵妈妈说,“你的躯壳是妈妈给的,而你的精神是共产党是老百姓给的!那个故事,你什么时候认真琢磨过了?妈看到你家的变化比社会发展得更快,妈怎么能忘记那座吊桥?”

“噢!”赵市长恍然大悟,他动情地跪在了水泥地上,声泪俱下,“谢不完的娘亲啊。我能背过‘一垅地要个长,一百岁要个娘’的古谚,却没能理解妈的一片苦心。您是在告诉儿子,您过吊桥的时候,心里只有儿子的生命,脚下的危险就不存在了;而儿子现在,如同您当年过吊桥,心里只装着锦绣前程,却看不到脚下的危机……儿子明白了!”

赵市长拜别母亲,回家后说服妻子,谢绝省人大让他当副省长的提名,他自己每几天温习一遍妈妈讲的那个故事,时刻注意自己的言行。两年后,这个市的多位领导都牵进一桩经济犯罪大案中,唯独赵市长两袖清风,经受住了严峻的考验。

赵堑生把退休的妈妈接到市里。理由是,请老人家时刻监督他的所为。每当说到他的母亲,赵堑生满脸自豪:“都说一个成功的男人身后必有一位优秀的女人,我赵堑生尚未成功时,就有一位伟大的母亲站在身后了,再不做出点业绩,我都没脸面对她老人家!”

惊心母爱

梨树村有个小伙子叫康小民,父亲早亡,家里只他跟老妈娘俩过日子。小民渐渐长大成人,就在城里处了一位姑娘叫小孙。小孙有一次到小康家串门时,为一句没用的闲话跟康小民的老妈说僵了,小孙就嫌小民不帮她争个理儿,俩人的关系产生了危机。

小民眼看要丢掉心爱的恋人,就抱怨他妈:“您这么一把年纪,跟个年轻人一般见识干什么,睁一只眼闭一只眼不就过去了吗。”老太太来了犟脾气:“这是什么话?她那么任性,我儿子将来要受多少气呢。你娶这样的媳妇,我死了也闭不上眼。”小民见老太太不让步,也来了气:“我是个大人,受不受气的,难道要您关怀到老?管得也太宽了。”一赌气,离家出走,到外地打工。

康小民四处游荡,最后来到长白山下。这里有一个林业局办的疗养院,院里建了一座小型公园,已经承包给一位个体户经营。老板为了提高公园效益,特意从南方买回几只猴子,他见康小民老实厚道,就雇他当了猴子饲养员。

小民感谢老板的信任,对猴子饲养得特别精心,没多久,他就和猴子们产生了一种十分亲密的关系。每当他进到笼子里送食送水或者打扫卫生时，那猴子们便围上来又跳又叫，跟他亲热得不得了；遇上猴子们咬起架来，无论多凶，只要他进到笼子里呵斥一嗓子，它们立刻服服帖帖，安静下来。都说猴子容易翻脸，可是康小民饲养的猴子从来没有跟主人闹过不愉快。总之对于小民，现在让他离开这群猴子，那是无论如何舍不得。

转眼过了一年，猴子中有只叫喃喃的母猴生了只小崽儿。康小民这份高兴啊，跑里跑外地伺候那娘儿俩，连其他工友们戏骂他喜得贵子都不在乎，猴子的确成了他的命。

然而不幸的事发生了。那只小猴生下来5天后，突然生了病，浑身抽搐，吱吱尖叫，给奶也不吃。康小民急得团团转，跑出好几十里请来兽医，打针灌药，甚至给大夫作过揖，然而，小猴崽儿还是没救过来，死了。

康小民心疼得痛哭了一场。痛过之后，他想，把小猴的尸体抱出去埋掉吧。谁知道他一拎小猴的尸体，猛听到一声尖叫，那母猴喃喃扑上前来，劈手夺下它的孩子，又舔又摸，然后，搂在怀里让它吃奶；见猴崽儿不吃，它难过得呜呜直叫，一双泪眼可怜巴巴地望着康小民，似在求他别夺走它的孩子。小民有什么办法呢，他只能比划着告诉母猴，小崽活不了啦，必须扔掉。可畜生怎么会理解人的语言呢，它仍然只是上上下下地蹦，一遍又一遍地尝试着让它的孩子吃奶。这时，就连康小民也不敢接近它了，喃喃怀疑主人要抢走它的孩子，对他也是又抓又咬……

就这样，那可怜的母猴儿，一直爱不释手地搂着它的孩子，不吃不喝；谁远远地看一眼，它都以为要暗算它的孩子，不是咬就是躲……到了第6天，它搂着已经发臭的猴崽的尸体，悲惨而疲倦地死去了。

母猴死后，康小民放声大哭，把这母子俩用旧衣服包着，埋在山坡上。他找到老板，要求辞职回家。

老板说："猴子的死，没有你一点责任，相反，我看出了你的敬业精神。你放心，我不但不会赶你走，还要给你涨工资。"

“不是这么回事。”康小民讲了他离家出走的原因,“老板,我从这只猴子母亲身上,想到了我的老妈。我小时候多病,幸亏我妈求医讨药、担惊受怕地让我活下来并且长大成人,我妈不到40岁就守寡,她老人家为我操了多少心,容易吗?我得怎样做才能对得住母亲呀,可是我的对象为一句闲话就顶撞我妈,这本身就是对她的不尊重。我妈也是为我日后的幸福担心,而我却认为她多事,竟扔下她出走,我还是个人吗?老板,您给我多少工钱我也不干了,不回家孝敬老妈,我连猴子都不如。”

听了康小民的话,老板呆了好半天,才说:“兄弟,既然这样,我也不拦你。但是你我兄弟一场,分手在眼前,能不能再多留一个星期,咱们好多聊聊天?”小民感谢老板一片真情,也就应承下来。

到了第7天,老板对康小民说:“我让你看一个熟人。”说着拨通一个电话。不大工夫,只听汽车喇叭响,小民出去看时,见院里的司机从车上搀下来一位头发斑白的老太太,原来竟是被他扔在家里的老妈。

他这才知道,老板一边留住自己,一边悄悄派人把老人家接了来。老板对小民说:“好兄弟,谢谢你教育了我。我母亲活着的时候,我对她不好,就是看不惯她那唠叨。听了你的话,真后悔呀,而我再没有补偿的机会了,直到死也得留下不尽的遗憾。现在把你的母亲接来,是想求你,能不能将母爱匀给我一半,让我也尽尽孝道,算是一种寄托。“

直到今天,康小民还与老板时常去给喃喃上坟,他们敬重的是伟大的母爱!

非洲雁风波

我的亲爸

自打记事起,家给我的记忆就是特别特别穷。住在个老破山沟里,妈几乎就是个废人,一年到头干点什么就咳嗽气喘,爸个子不高,瘦瘦的,整天有干不完的活儿,整年有还不完的债务,唉……

爸待我特亲。家里日子清汤寡水,偶尔有口差样儿的,上顿留到下顿,哪怕是一点鱼骨头,爸必定要留给我"梭拉"干净了才放心。妈说,你爸呀,吃只虱子,也要给你留条腿。爸就笑,那我吃虱子吧,把别的省给丫。屯里的山民们都当我面夸:"你就是摊了个好爸!"我想,爸就爸呗,好,咋还那么穷。

村里有所小学,可是爸偏让我去邻镇的矿小去读书,说那里的教师素质好,不能图一时近,耽误了丫的前程。

去矿山得多走5里多路,中间一条小河,夏天老涨水。可自从我转学到那里,爸就风雨无阻地起大早送我上学,傍晚,又早早地接我回家。河水涨起或者河水结薄冰时,爸心疼我,就绾起裤腿儿,让我趴在他那散发着汗酸味儿的肩膀上,把我驮到河对岸,再从河对岸驮过来。把同学们馋得眼睛里恨不得伸出小手来:"瞅人家那爸。"我想,谁让他送我这么远。他不接送,我让水给灌死，让狼给吃掉，看他咋办。

爸一天见不着我，就没着没落的。早上，出门前，我搂住他粗糙的脖颈儿，在他油渍麻花的脸上亲一下；晚上，睡觉前，又亲他一下。这样，爸的生活里就充满了甜蜜，浑身似增添了使不完的力气……

转到矿小四年级期末，我的成绩终于赶了上来，全年级考了第一！爸接我时，在路上好几次掏出通知单来看，傻傻地笑。一进门，爸就哭了："她妈，咱丫考第一啦。"说着，竟然顶着屋子大哭起来，妈也抱着爸哭。

我好生奇怪，我考第一还不好啊，你们哭什么？妈说，丫，你现在不懂，早晚你会懂的。我想，再懂，女儿考第一，我宁可高兴，也不至于哭嘛。

第二天早上醒来，发现妈坐在爸的身边，"叭嗒"、"叭嗒"掉眼泪，见被我发现，赶紧擦掉。我想，不是乐意哭吗，我回回考第一，让你们哭个够！

日子就这样慢腾腾地往前捱。妈负责生病，爸负责干活、还债、照顾我上学。我也争气，考试成绩总是名列前茅，最后考进了市独立高中。

爸就在我的成长中慢慢变老了。其实才四十几的人，满头几乎找不到一根黑头发，满脸几乎看不到一块平滑的肉皮，都是褶子！爸总是借卖点土产品或者是送点生活费的机会去学校看我，他想我哩。

我此时已懂事多了，一点也不为有这么个穷爸爸自卑，见了他，不管多少人在场，总要扑上去亲他一下，然后自豪地把他引荐给我的同学。每当这时，爸简直有些受宠若惊了，幸福得难以形容……为了爸，我咬牙扔掉了多少男生递来的求爱纸条，傻子似的埋头读书，我可不敢面对我落榜时爸的眼神，我的前途是他的命呀！终于，我以优异成绩考入省城一所重点大学！

拿到录取通知的那天晚上，爸喝下多半茶缸子劣质白酒，红着脖子一遍一遍对妈说："丫这么出息，你说我活得冤吗？"妈忘情地扯过爸的肩膀："她爸，你的心没白费。丫忘了谁，也不敢忘记她爸。下辈子当牛做马，我替丫还你的情。来，我给你捶捶腰……"

也是，妈真有些欠爸的呢，瞧她这病身子，多拖累人。每当看见爸端汤端水，无比耐心地服侍妈妈的时候，我心里怪不好受的，我想，我长大了，假如能嫁得爸这么个能疼人的丈夫，我也情愿来世当牛做马，还他的情。

爸坚持送我去省城上学。他担心我找不到地方，担心我遇上骗子。那时火车老慢了，去省城包括转车，得20多个小时，我们从小站上的，找不到座位，一旦挤着个座，爸一定让我坐："俺丫骨头没长结实呢，不敢开玩笑；不比你爸，地垅沟练出来了，站一天比干活轻松多了。"

这期间，我发现家里的生活渐渐好起来。我放假回家，家中的饭菜比往常提高了一大截。我问爸，妈常年吃药，这买鱼肉的钱是哪来的？爸说，还用问，政策好哇。现在你瞅哪家不富？每当我开学时，爸总把钱给我带得足足的，说："穷家富路，不可为难了自己。你照顾不好自己，你爸还指望啥呢？"我搂住他，往那张老脸上一亲，鼻子立刻就酸了……

爸，您等着，女儿定要让您过上舒心的好日子！

大学毕业前夕，爸突然来学校看我。旅途劳累，使得他脸色更憔悴，那白发如同贴在头上的枯草，一点活力也没有了。我心里一疼，扑上去就搂住了他的脖子。爸眼圈一红："丫，别那样，你是大学生了，爸这副样子，给你掉价呢。"我说："爸，说什么呢？谁有我这么大的福分，摊上这样好的爸！"

我领着爸去吃饭，其实用的是他的血汗钱啊。爸心疼得直嘬牙花子："别叫菜了，这一顿过后，你得受多少艰难哩。"

我告诉爸，我有男朋友了，将来可能留在省城。爸的脸色一黯，但马上又笑了："好哇。不过，我得看看那小伙子。"我说："爸，您放心，我跟他说了，我可是必定将爸妈接省城来的，他答应了。"爸哈哈大笑："接什么省城。我跟你妈住不惯。别拿这个卡人家，多冷人的心哪。"

爸离开的时候，掏出1200元钱："丫，拿着，给老师买点礼品。还有，小陶（我的男友）请你吃饭，你至少跟他平摊饭钱。我的话记住了？"我问："爸，留下这么多,您怎么办?”爸拍拍胸部:“爸傻吗,我还能步行回去?”

分配前,我回了山沟里一趟。妈一见,抱住我说:“粗心的丫头,你爸把钱全留给你,你觉不出来?赶上车挤,他没买上当天的票,硬是饿了3天,回来连筷子都捏不住了……”

这时爸爸从地里回来,两脚泥土。我扑上去搂住他,哭得昏天黑地!爸慌了,问明白情由,责怪妈道:“狗肚子存不住二两油。以后还能不能告诉你点话儿啦。丫,爸的意思是,你跟小陶处对象,可咱腰不能弯。你白吃了人家的一口,你人格就降低一寸。这影响你以后在他心中的位置呢。”

我的老爸,他想得多细啊。

工作后,我跟小陶结了婚。婚后,我坚持接爸妈来住,因为我们准备了二老的卧室。可爸妈异口同声,不来。说先得让我们清静几年。“现在,我在山沟好歹还能干点什么,若去了省城,就是废物了。等我不能动弹那时,你不管我,我还去法院告你呢。”爸说。

既然如此,我也就罢了,其实我也喜欢两个人的清静生活,否则,小陶也有父母呢,都来打扰,久了,也难免厌烦。我坚持每年寄一千元给爸妈,呼吸着好空气,消费着女儿回报的钱,爸妈的晚年也算可以了吧。

老爸虽然远在山村,却经常借赶集时,给我打电话:“丫,你不用回来,把路费给我攒下,三两年,我跟你妈去投奔你呢,花钱的地方多着呢。”他再三不让我回去看他,是怀疑我看不惯农村了?至于吗。

去年,小陶出差在外时,我突然接到邻居打来的电话,说我爸不行了,让我速回去见一面。我吃惊不小,好好的,爸出什么事儿啦?

还是那间老屋,还是那铺老炕。爸脸色蜡黄,躺在炕上倒气。见了我,手伸过来,想抓我,却没抓住,他胳膊伸不开了。我赶忙握住他的手:“爸,您怎么啦?赶快去省城。女儿一定要救活您。”

爸笑了:“丫,你好了,爸就好……”他的手竟然在我手里软了下去,爸停止了呼吸！

“你爸为等着见你一面，这口气就是不肯咽呀。”事后妈说，爸早就得了癌症，只是强忍着不说，直到晚期，送到县医院，已经没希望了。爸对妈说，丫住省城，哪那么容易，不可惊动她，若是为他的病花很多钱，他宁可自杀！没办法，只好任他回了家……

妈拿出一个存折，上面有几千元钱，这是我陆续寄给他的钱和利息：“你爸说，你给他争了气，让他在屯里走路，腰板拔得溜直，他感谢你都来不及，绝不能花你的钱。”

爸！我顿时觉得眼前金花乱舞，难怪他打电话假报平安，不让我回来，他是怕我看到他脸色不好，为他花钱！去省城那次他神色就不对，都是我粗心！爸把全部生命都用在了女儿身上，怎么连女儿每年一千元的回报机会都不肯给我！

爸一走，妈的病竟然好了。她说，有墙靠墙，没墙了，我得学你爸，挺直了站起来。我说：“爸走了，您得跟我去省城，这无疑也是他的心愿。”

妈说：“不，我不能抛下他。我，咱娘儿俩欠他的太多啦。孩子，你爸不让我说，可我非说不中了，不然我得憋疯。你爸他，不是你的亲生父亲啊……”

什么？这个亲我疼我，把我视为比他自己重十倍百倍的男人不是我父亲！

妈的故事把我带回了30年前……

百里外有个国有林场。工人们把木材砍倒在山上，因山坡太陡，需要有人用牛爬犁给倒运到平坦地带以便装汽车。这年冬天，山沟里有3个贫穷的年轻人，为了赚钱，结伴去林场倒运木材。一个是我的生父，另两个中就有我爸。生父是因为妈要临产，急需用钱；爸是因为有了对象，需要赚钱结婚……忙活了一冬，3个人的腰包都鼓了起来，正在他们做着美梦时，却出了事。

那是个初春的上午,3个人只剩最后一趟活了。木头像小山似的装满三张爬犁。为了控制速度,木材拖得很长,爬犁上也扣上了防滑链,牛只要将爬犁拖移动地方,爬犁就会靠着木材下滑的惯力徐徐运到缓坡地带。期间,牛需要往后坐,如果让爬犁快起来,那后果不可收拾。前两张爬犁都顺利地到达了平地,最后一张却误住拖不动了。我的生父让两位同伴拿撬棍去撬木材尾部以助牛力,谁想,刚刚一撬动,那牛用力过猛,闪了一下,控制不住速度,防滑链恰巧脱落,满爬犁山一般的木材如同箭一样射向山下,爸和那个同伙被甩出去老远,等他俩爬起来追下山时,发现牛死车翻,我的生父已碾在爬犁底下,肠子都出来了！生父死死地瞪着两眼,不肯咽气。我爸一阵悲痛,说:“肖大哥,你放心,我保证照顾她娘俩。”“她娘俩”指的就是妈和娘胎中的我啊。听到这个承诺,我的生父两眼才闭上。

因为当时还没有保险这一说,按合同所订,一切意外均由乙方承担,所以,将我生父运回山沟里安葬后,爸口袋里空空的！妈受了刺激,不分昼夜往深山里跑。爸就拦住她:“桂香嫂子,我答应过肖大哥,我照顾你和肚子的孩子……”就这样,任凭他那未婚妻哭得天昏地暗,再三表白不图他的钱,就图他人好心好,可爸还是一跺脚离开了她,把我妈娶到家,伺候我出生,长大,刚盼到我成了人,他又两手空空地离去了……

“爸!”

妈最后告诉我,她受刺激后,漫山遍野地跑,落下了病,生我时,做了手术,竟不能同房,她嫁给爸这么多年,爸替她治病、还债,两个人却没有夫妻生活!

我冒着严寒跑到爸的墓地。一堆黄土,下面寂寞地睡着我的爸,我的亲爸。没有墓碑,可它已经高高地竖立在女儿的心中,只要女儿活着,它就不会倾斜,倒塌……

出售时间

丑女孩月儿生长在一个偏僻的小县,高考落榜,跟几个同龄女孩到省城打工。

起初,月儿满以为只要肯吃苦,那钱总比故乡好赚。谁知道走了一家又一家,跟她一起来的同伴全都找到了工作,唯独月儿连面试这一关都通不过,丑哇。找到工作的女伴们趾高气扬地对她说,货卖一张皮。别看你学习成绩在我们之上,可“皮”不如我们,去公园里申请当清洁工吧。

女伴们说完,都忙着去美容健身,为生存,她们要保住那“皮儿”呀。

月儿不理解。我文化比她们高,微机比她们厉害,为什么不用我却用她们!清洁工赚那点钱根本吃不饱肚子,她决定依靠现代科技自救。听说网上开店是热门,就买了台二手电脑,租了间有宽带的房,去淘宝网注册,卖化妆品和儿童玩具。

谁知道人们对新生事物不是一朝一夕就能接受的,加之一拥而上挤过来许多同行,开张两个月,时间多得是,可月儿的生意十分惨淡,她变着法子更换自己的广告词儿,小店依然半死不活,她简直要愁死了!这边愁,口袋里又没了钱,她只好去储蓄所支取那点可怜的积蓄。

月儿一早来到储蓄所,发现制度改革了,存取款的顾客特别多,她必须得先领取一张小纸条儿,然后,去座椅上等候排号。月儿一看电子屏幕,才显示办到041号,而她手中的号码是112号,间隔71人呢,这得等多久?百无聊赖中,月儿逛了一阵商场,估计差不多了,回来一瞧,咳,才排到98号!

没吃早饭呢。现在肚子饿了,想去吃,又怕回来时她的号码作废。正犹豫间,却听到一位刚刚拿到纸条儿的中年男子抱怨道:"我等得花儿都谢了,这不急死活人嘛……"原来这人有急事!月儿心里一热,自己反正闲着没事,不如做回好人。她礼貌地对那男子说:"叔叔,您有急事,我的号码让给您吧。"

接过纸条儿,那男子惊喜异常,不仅连连道谢,还掏出一张50元面值的钞票,坚持送给她:"你要是不接受,我宁愿自己等下去。小妹妹你不知道,时间就是金钱,有你帮我省出这段时间,说不定我的股票就可能赚几千块呢。"

拿着这张钞票,月儿眼睛一亮:我时间多的是,闲着都用来着急生闷气,何不卖掉它。假如明码标价地出售时间,我来替别人排号,收取适当费用,说不定比网上小店有发展!她顺手取了3张小纸条儿,出去吃完中饭,然后回来,想继续出售时间。可是情况变了,午后人不多,她白高兴了一番。

失败了,月儿决不想轻易放弃。第二天一早,她接连去了几家储蓄所,拿到一些小纸条儿,就轮换着各处走动,果然又遇上焦急等待的客户,她20元一个号码,卖掉了4个,赚得80元,其实她总共才用去了两个小时!

原来道路就在眼前,你不经意中便可以发现!经过几天的观察摸索,月儿掌握了附近10多家储蓄所的规律:8时半开门营业,这时人最多;傍午时人少,下午2时以后,人又多了起来。她每天适时去领取号码,然后再寻找有急事的客户卖掉,每天收入过百元。而且并没有影响她的网上小店的生意。

想到网上小店，月儿一下子反应过来，不由自己抽自己的嘴巴：“我怎么这么笨呢，现成的网上小店，何必风吹日晒跑冤枉路！”

“一寸光阴一寸金，惜时就是保青春”。月儿煞费苦心想出了这样的广告词儿，她的网络小店又增加了新的商品：出售时间。

卖时间，多新鲜呀。月儿划定她所在的这个区的一定范围，遇见谁有什么急事，需要办理金融业务，无论是预约还是排号，只要把时间与她讲好，她都能替客户安排得井井有条，随时把安排结果通知客户。比如某人第二天上午要在工商朝阳储蓄所支取15万元现金，她事先跟所里预约好，马上通知对方：误不了事的。次日一早，她去领取了排队号码，估算出大体时间，再次通知客户几时几分来取款，假如需要，她还可以替客户约请公安局护送钱款。

月儿的服务对象都是有钱人，没人在乎那么几十块钱，乐得省心省力，只一次，就成了月儿的回头客，并且频频照顾她的网络生意。月儿又开动脑筋，利用网上Q聊的机会，多联系在当地储蓄所工作的员工，不但越发了解了他们的工作规律，还与他们成了好朋友，这样，有些业务，可以通过聊友帮忙，更省却了亲自跑去领号码的周折。她的生意越来越红火，机会好的时候，每天能赚好几百元！

月儿感觉到自己租住的房子有些破烂了，跟房东交涉，得换塑钢窗，否则她要另换地方。房东打过电话，马上来了一位老板，把价钱谈定，窗子规格量好，收取了一定的订金。那老板说，后天上午如果不下雨，我的员工就会来安装，家里可要留下人开门啊。

原来他不必亲自再来了。月儿跟那老板搭讪，才知道，老板只负责丈量尺寸、收钱，剩下那些制作成品、搬运安装、拆除旧窗、抹水泥等既脏又累的活儿，全由他手下的10多个员工做。当老板真是太牛了。月儿想，他能当老板，我怎么就不能！

这期间，月儿在Q聊上遇见当年带自己一起闯世界的女孩茉茉，才知道那几个漂亮女孩过得都不如意，有的当陪聊，有的当陪酒，有的甚至给人洗脚……有人喝坏了胃，有人失了身。

月儿就说，星期天她在白天鹅做东，要请大家聚一聚。

月儿请到了四位“难友”。见她出手大方，都对她很羡慕。月儿告诉她们，自己现在正从事一种高科技经营，如果她们愿意跟着她做，只要签订3年合同，就可以接受简单培训，成为她的员工，工资也相当可观。难友们一听不必再受那些无耻男人的纠缠就可以赚到钱，立即欢呼雀跃，马上改口称月儿“老板”。

有了员工，月儿的网上小店更加红火，她每天除了动动嘴，就是分派手下人去哪里哪里做啥啥事儿。她的出售时间的业务范围也扩大，包括代外地人去医院挂专家门诊，订火车、飞机票及寻找家政服务等。仅仅一年，她按揭买了房屋，把大本营迁到新居里，她拥有男女员工20多人，比那塑铜窗老板还牛。

有位英俊的硕士生得知月儿的事儿，几次上门申请给月儿当助手。小伙子声明，不为那点工资，他就是羡慕月儿的聪明，想与她建立恋爱关系。月儿说：“先等等吧，你没瞧见我长得丑。”硕士生答：“我还就不喜欢那些绣花枕头，追求的就是有内秀的女孩儿。”月儿并没马上接纳她，男孩就另找了份工作，抽空就往这边跑，对月儿百依百顺，那些漂亮的女员工干忌妒却一点办法也没有！

有一天，硕士生请月儿和其他员工吃饭，电话催了好几遍，月儿还忙着呢。见面后一问，原来她是亲自去有关单位了解发放工资及养老金的具体时间，“也就是说，5号和15号这两天，银行要忙，钱一到账，这些人大部分会迫不及待地去支取，尤其是领养老金的，年龄都大，特别磨唧，这就延长了办业务的时间。”

硕士生奇怪地问:“那些人的钱也可以赚?”

“傻样儿。”月儿娇嗔道,“他们多的是时间,可此时有办其他业务的,那真是比猴还急呀,那不就用得着我们了嘛。我恨不能银行天天发养老金。”

员工们欢呼他们遇上了好老板。老板生意好,他们做得就长远。

月儿说,每个人都有一定的优势,当年同来的姐妹模样都好,大家就发挥优势,靠相貌吃饭,并且挖空心思,把大量时间和钱都用在了美容保健上,她月儿长得不好,再修饰也提高不到哪里去,只有开发智力:“老话说,好汉子怨自己,窝囊废怨运气。我不想当窝囊废,就怨自己,就逼着自己给自己找出路。假如没有遇上那位叔叔给我50元钱,我同样会发现另外的商机。”

那些漂亮的姐妹迟疑着问:“老板,您只跟我们签3年的合同,可出售时间这技巧大家都学了去,以后,您不怕我们另立山头?”

“我才不计较那。噢,折腾3年我还干这个,那我干脆给你们打工算了。”月儿老板下巴一扬,她原来也挺青春挺阳光的,“我现在就已经有了新的规划了,这排号订票都是小把戏,随时都得改辙,它哪能做一辈子!”

百 元 店

吉林下岗工人裴大利，跑到浙江义乌讨生活。

那时候，义乌的小商品批发市场已经全国知名了，裴大利得知市场不远处有家饭店正外兑，每月租金相当便宜。他想，批发市场那么多人，还愁没有吃饭的？说干就干，裴大利签了3年的合同。可是开张之后，一连几天，天天坐冷板凳，一个顾客也没有。

家乡朋友知道此信，纷纷嘲笑他，说你怎不好好看一番再激动，那饭店虽便宜，但位置在小胡同里，谁会像钻地道似地来吃顿饭？便宜没好货，这道理都不懂还做啥子生意？也有的干脆说，你那名字不好，裴大利，不就是赔了大利吗？弄得老裴心里窝火，但是一点办法也没有，难道还能去大道上劫持人家来就餐不成？

这饭店就算烂在他手里啦！

着急上火，裴大利咬牙撑着，谁让他一激动，贪小便宜，合同签得太久了呢？他决定改一个吉利的名字。这一天，朋友介绍一位铁嘴神卦，给他看了相，爻了卦，伸出食指挠着腮帮子，老半天，对裴大利说："你这名字果然不好，你这饭店向口也不对。换个别人，我就不能管了，看在朋友的面子上，你付500元酬谢,我给你破解一下,并且给你起个好名字,如何?"

裴大利上哪儿去弄这么多钱?但是没法子啊,只好央求对方缓几天,他一定想法子借一借。卦仙道:"是长年赔钱好呢,还是花几个钱破解了好,这账你自己算。我要半个月才得起完名,到时绝不拖欠。"裴大利好话说了一车皮,又搭上一顿酒,才哄得人家走掉。

想想爹娘目光短浅,害他受穷,当初若是跟他外公姓荣——荣大利,不就好啦。正坐着生闷气,进来两位顾客,点了俩菜,一瓶酒,干唠没个完。裴大利又不高兴起来,怎么他遇上的顾客一个有钱的都没有,全是这种货色。眼看一瓶酒见了底,他心想,大概快要结账走人了,反正没大油水捞。可是,其中一位出去买了包烟,回来却大吵着钱丢了,和另一个绕着个桌子找!

这是遇上诈吃的了。干饮食业的,一般不与顾客发生口角,裴大利只在一边冷眼观看。折腾了一会儿,那个说是丢钱的,过来对老裴说:"老板,实在对不起,我刚才的确是揣了张100元钱的票子,不知道怎么却丢了。"

"你说得也离奇了点儿啦。"裴大利冷冷道,"一中午没有个人来,谁捡了去?再说,你买烟怎么有钱?"

"那……"对方支支吾吾,"我另带了5元钱买烟。"

老裴气哼哼地把他俩坐的椅子挪到一边:"看好了,我这小店地上连只耗子都没有。没钱就说没钱得了,要这心眼儿干什么?"

"怎么这样说话?没钱我能来吃饭!"自称丢钱的脸红脖子粗。

"好了,你只想法子把钱付上,一共不到40元。说别的没用。"

瞧热闹的拥了一屋子,也都说,吃饭算账是公理。逼得俩人到底留下一个做押,另一位去了老半天,才借钱回来结了账。

到了黑天,再也没人来,气得老裴打发服务员、厨师老早回家休息,"都是让这俩比我还损的穷小子搅了生意。"

老裴独自收拾屋子。当他把那些凳子往一起堆放时,却不由惊呆了:原来，那俩人根本没说谎，100元的大票折成一个小方块儿，说来太巧，大概是那人喝多了，不知怎么掏出来掉到地下，让凳子腿压住，搬凳子时它沾在上面，愣是没发现！

"活该。算精神补偿。"裴大利心满意足地躺下开始睡觉。

可是，这个下岗工人再也睡不着了。他想，那俩人肯定不富裕，否则不会来这种小店吃饭，自己不但不同情，反而污辱了人家……穷人赚100元钱容易吗，那么这钱……

翻来覆去一夜没睡，第二天，裴大利写了几十份启事，遍贴在附近各主要街道，希望那失主早日来认领那100元钱，并接受他的道歉。

裴大利等了一个多月，他贴的告示让雨淋坏了，就重贴。告示换了4次，才找到那位失主。原来，丢钱的以为没希望了，告示连看也没看。

裴大利向对方道歉。失主说："裴老板，道歉的应当是我。我丢了钱，回家好一通骂呢，咒你心黑，咒你这饭店早晚得赔黄了算。谁知道我是狗眼看人低……裴大利受了感动，也说："我当时可不就想昧下这钱？后来做过思想斗争，才还了你。"直到失主接了钱，裴大利心中一块石头才算落了地。

可他想也没想到，自从捡了钱，他的饭店一天比一天红火起来。他多招了好几个服务员，又招聘了一对厨师，可是顾客仍然很多，有时候还得站排等候吃饭。再看四周那几家同行，门前冷落，家家写上"本店外兑"的牌子，随时准备黄铺。

裴大利高兴得手舞足蹈，运气来了！

这时，那位卦仙来找他，说是改好了名字，说是订出了破解方案。老裴笑着说："咱这名字，你给多少钱我也不改，——配大利！"把卦仙羞得满脸飞红，走了。他自己一想，还是好心感动了天和地，他一念之差，还了那100元钱，才换回这么个好局面。请神。就请了一尊财神，供着，终日香烟缭绕。

年底，为了表示对老客户的感谢，老裴特意把回头客请了好几桌。敬酒时，他问，大家对小店如此偏爱，是因为菜好呀，还是服务态度好？

大家说，都是，都不是。如今饭店多的是，比你这儿好的多的是。我们来捧场，主要是从那100元钱看出老板人好。换个主儿，是绝对不能还的，裴老板费了那么多神，待到归还时，对方感谢时，还不沽名钓誉，坦诚说自己做过思想斗争的。这样的诚实人，做生意不会坑人的。结果，到这儿一看，果然名不虚传。还有些人，为的是一睹老板风采而来……

裴大利这回彻底明白了：不怪名字，也不必谢神，做人首先要端正了良心。他那100元的善良之举，简直是做了一份绝好的广告……

资金多了，裴大利把老婆孩子接到南方，又加盟到小商品批发这边，那日子真是一天一个样儿。然而，为纪念那100元钱的故事，小饭店并没放弃，只是装修扩大了一些，并起名“百元店”。裴大利诚实获利的故事在新的行业迅速传开，渐渐形成了义乌小商品批发行业的经营理念……

丑女与残币

丁月娥的厂子被私营业主买去之后,就大量淘汰多余员工,她是第一批,领取了几千块钱的工龄费之后,就成了无业游民。

勤勤恳恳工作了20多年,得到这么个下场,丁月娥怎么也接受不了,就去当面质问新老板。新老板说:“我买的厂子,当然我说了算。你这副长相,影响企业形象。”这句话一下子让她从头凉到脚后跟!她长得是丑点儿,可这和生产有什么关系?她扭头就走,扔下一句话:“老天爷饿不死瞎眼的家雀。我做生意,就在你门前市场卖熟食。”老板够损的,追出门补上一句:“就冲您那副尊容,怕货也卖不好的。”

丁月娥回家哭了一场,就去考察市场。她这人认准了死理牛都拉不回,一定要在老板门前混出个样儿来气气他。几天后,市场的熟食摊里多出一位丑女个体户,那就是丁月娥。

开始几天,她的生意果然冷清得很。她想,这固然有她相貌的因素,可吃东西不是瞅脸的,她才开张,回头客不多也是重要原因。想到这儿,她灵机一动……

丁月娥自编了一副不伦不类的对联:“丑模样,不短斤两;收残币,不收假币。”贴在柜台两端。她这对联虽然品位不高,但里面有学问:市场上买东西,一般人对残破钱很反感,尤其是缺了角的,给谁谁不要。丁月娥乐意收残币。这一反常举动,的确吸引了很多人驻足观看,有残币的也想到这边来试试她到底是怎么回事。丁月娥说:“再残也是人民币,怎么可以不收呢。您不必为了花出去这张破钱而强买我的贷,我可以给您换张新的,您再货比三家,看好了算。”她耐心地给人家换了崭新的钱。这样好的态度,反而把顾客感动得不好意思走了。一尝,她煮的熟食味道相当不错,立刻就成了她的老主顾。丁月娥卖东西有个特点,她10元以下各种面值的钱都有一到几捆新票,每次找零,几乎全给换新的,这也给了顾客一点温暖,她生意渐渐好了起来。丁月娥是个很愿意动脑子的人,她决定趁机扩大战果。在她的熟食摊上,总是摆着点不太好的熟食,别人问价问到这些时,她连忙摇头:“这是质量不够格的,给多少钱也不能卖。”有人就说,这是从别处买来的,让大家比比看哪家的货好。丁月娥听了也只当没听见。可顾客感动了:质量不好的人家不卖,这样为顾客着想的人,你吃了她的东西,怎么会不放心!

就这样,丑女的生意越做越红火,连那位买她厂子的老板也惊动了,便摆下酒宴,请丑女。一是就当年的不恭敬向她道歉,二是向她讨教发财的诀窍。丑女说,这得感谢您那句刺激的话。它使我觉得乞求怜悯是不中用的,必须狠下心来干事业。当然,光有勇不行,想经商主要是得有谋。我从丑女没人要的道理中逆向思维:丑女跟残币一样,她的价值本不比美女差呀,关键是怎样体现它的价值。这是您看到的收残币的情景。在某家储蓄所里我有个同学,平时把钱存她那儿,到时候让她攒点新钱不就结了?至于残币,也请她一并兑换。她揽了储,我换了新币兴隆了生意,这叫互惠。至于那些陪衬“次品”,也是我引申开来的招法……

老板大吃一惊:“我以貌取人,真是犯了天大的错误!回到厂子里来吧,我委任你为经理助理。”

丁月娥笑了:“咱们两年后再谈。”

丑女回去就把摊床兑出去,加上她的积蓄,办了一座山菜加工厂。她招聘工人,写出的启事是:“只重本事,不看相貌”。她招到的工人虽然貌丑,但难得遇上能平等对待她们的厂长,干起活来特别卖力,跟丁月娥一个心眼儿,这样的企业,哪有火不起来的道理!没过两年,丁月娥厂子扩大,兼并了一家企业,那就是原来淘汰她的公司!

丁月娥说,她招丑工人,收残币,都是从一个道理悟出来的,那叫物极必反……

木 耳 经

长白山区森林资源得天独厚，出产的木耳个大肉多品质好，是木耳中的上品

改革开放以来，各地客商看中这边木耳，纷纷到这里采购、贩运，于是，长白山山货市场便应运而生，这里各种土特产应有尽有，咱今天主要讲的是木耳的事儿。

木耳摊位并排着一摆老长，至少也有200个。见到顾客，那就是财神到了，摊主们眼珠子一律瞪成绿色，争着招揽生意，恨不能把人家拉进来！

其中有位50多岁的摊主，叫钱建国，他人忠厚，嗓子又不好，抢生意时就不是人家对手，气得整天唉声叹气。

钱建国父母早亡，多亏爷爷把他拉扯大，如今老爷子还活得挺健康，见孙子不高兴，问明情况，说："我去帮你。"孙子跟爷爷说话随便惯了，就苦笑："爷爷，您若是18岁的漂亮大闺女，说不定会有人光顾您的摊床。"老汉不恼："你忘了中国人的老话了，姜还是老的辣，做买卖，你太嫩。"

第二天，老汉就去了山货市场。一套薄纱深灰衣裤，圆口板儿鞋，胸前一尺多长的白须，一根杂色的都挑不出来，走起路来，长须飘飘，腰板儿拔得

“倍儿”直，神仙一样，引得众人齐声喝彩！老汉双手背在身后，不摸行情不问价格，绕各摊床这么闲逛了一头午，对钱建国说：“这摊子交给我，你给我搭下手。”

“爷爷，您真的要改卖老姜啦？”

“少废话，一个月买卖不见起色，把我的过河钱赔你。”

白胡子老汉练摊，头几天是稀罕，许多人都来问年龄。

“虚岁九十有二。”

“啊呀，钱老板，这是您的亲爷爷？”

可老汉、年龄都当不了钱花、当不了菜吃，钱老板的木耳照样卖不出效益来。钱建国就说：“同行太多，爷爷，您累着身板儿，赚不出吃药钱来，还是回家歇着吧。有孙子一家吃的，就饿不着您。”

“这话唠的。我刚刚要露一小手，你怎么妒贤嫉能起来了。”爷爷说话总是有趣。

“您什么办法？我怎么没看出来？”

“这不等天气嘛。我见天关注天气预报。明天开始，要旱。”

“旱了怕什么，人家种木耳的可以人工喷水，影响不了产量的。”

老汉吭吭地咳嗽：“睡你的觉去吧，你那点心眼子，不是做生意的料，白瞎那摊位了。”

第二天，白胡子老汉在摊位上挂起一块牌子，上写：“白胡子老汉近日不卖货。

钱建国纳闷了：“你不卖货，写什么牌子？又没人订好来提咱的货。”

老汉说：“你就在一边虚心学着点好不好？这叫造声势，引人注意你懂不懂？

挂完牌，见山货市场门前广场有块放自行车的空地，他商量挤一挤，租下点地方，吩咐帮工的摆下几口大缸，挑满水，把库存的木耳都搬出来，放进缸里一抄,再摊到地上晒。

钱建国急拽老汉的胳膊:"爷爷,您这是傻了? 这越折腾越赔钱的。"

老汉还那话:"你老实待着学点本事好不好?"

钱建国是个孝顺孙子,只当老头高兴折腾着玩吧,也就不再多嘴。

白胡子老汉折腾木耳,有人看稀奇来了:"老爷子,您这是做什么呀?"

老汉说:"木耳有灰尘,洗洗存放,省着生虫。"惹得不少人笑。

老汉重新开业的那天,有个黑胡子老汉来买一两木耳。

老汉说:"这里搞批发,一两怎么值得卖?"

"开市大吉,开市大吉。"

一个不卖,一个不走,又引来不少人瞧热闹。

钱老汉说:"惹不起你,这样耗着耽误我生意。"就卖了一两给他。

围观的人好奇,跟了黑胡子老汉去问:"你怎么偏要买他的货?"

"这你们就不懂啦。现在卖木耳的黑心,都把木耳里浸了白糖或者盐,没害,可压秤。老汉心好,把木耳里的白糖洗净了卖……"

"噢。"人们恍然大悟。"那他自己怎么不明说?"

"他呀,既不想昧自己良心,又不乐意得罪同行。"

黑胡子老汉隔三岔五买一次木耳,也替白胡子老头没少宣传,钱老汉的生意不知不觉间就火了起来。老汉不但身板好得出奇,脑子也灵敏过人,不管秤出的货是零是整,他一口总是喊出价钱,羡慕得众人直砸巴嘴!老汉对孙子说,人无千日好,花无百日红。咱这生意不一定总这么红火,得有点忧患意识。

钱建国舌头也伸出老长:"老爷子,您这思想很进步呢。"

"我没打算死呢,怎么敢不学习了?"

果不其然。渐渐地同行们得知掺白糖、盐水的伎俩被揭,又赶上有关部门打假厉害,也不敢再使怪招。这样,钱家摊床独领风骚的局面渐渐被打破,真让白胡子老汉忧患着了!

老汉找了块透明塑料布,找出10张百元大钞,吩咐孙媳妇:“你把它给我缝在里面,缝得体面些。”

这是干什么?

老汉说:“我这么大把年纪跟年轻人练摊,若是打个平手,岂不白活了?”他把缝着钱的塑料布固定在摊位后面显眼的地方,上面贴一张白纸,写着十一个大字:“查出短秤一两,立赔此千元!”

同行们都说这老妖精尽玩惊险活计,万一失了手,就是看错了秤,岂不赔钱带丢人?可说归说,市场门口就有公平秤,却从来没见哪个能领走老汉的钱!

老汉的生意越做越好,不但拉到很多外地订单,而且形象上了电视,都知道有这么个年近百岁的卖木耳老汉!

钱建国算是彻底服了。

老汉说:“学得怎么样了?我拉扯你个小子,现在有心也陪不了多少年了,以后的路还得你自己走。”

“爷爷,您说说,洗木耳就洗呗,为什么不直接说出来是为了去糖?”

“咳。说出去,同行们不就学去了吗。他一分钱的学费不交,哪那么好事。至于那黑胡子老汉,是我的棋友,我求他当托儿的……”

“哦。那您缺秤赔钱是怎么回事?”

“我每次都给用户涨着秤呢。咱做生意的,讲究薄利多销,贴点秤能差多少?可是,不称他不一定晓得领情啊,用这方法,刺激他去称,这不但给自己拉了回头客,同行还不知不觉……”

老汉叹了口气:“旧社会,你爷爷做了多少年买卖,发誓再不谈商。可是你心眼太实,不得不再出手。千条万条只两件,一别贪大,二别伤顾客。”

打那以后,钱建国再也不用爷爷亲自出马,他的生意做得一天好似一天,他称老爷子的经商经验为“木耳经”,据说还要往下一代传授呢。

饺子和销售

明星有限责任公司负责营销的老总罗光天,最近代表公司与南方某生产厂家签了协议,由明星在本省专卖该厂生产的一种保健新药。那保健药包装很别致,一盒两瓶,盒上印有“好事成双,买二赠二”的促销宣传广告,赠品是用小瓶装的同类药,数量不及原装的三成,然而,这种促销形式较之没促销的同类商品,无疑更具竞争力。罗光天很重视这次合作,明星在省城就有连锁超市30多家,他规定,凡销售这种保健药的员工,其工资按销售额提成,销售得越多,工资越多。

为了掌握销售情况,及时应付突然变故,罗总亲自从网上监视各连锁超市药品锁售员的工资。他惊奇地发现,东岭连锁店的保健药销售额月月高居首位!

这就不正常了。罗天光清楚得很,东岭属于新开发地带,居民人数相对少,其他商品的销售都是最少的,难道这里的顾客特别有保健意识?不,保健药品多着呢,而唯独这带赠品的在东岭走俏,其中必有文章!

罗光天打电话问东岭的经理:“你们那里谁负责销售那种保健药?”回答是一个叫于雪林的农村男孩。“他是不是将药品带出去销售了?”只要能扩大营业额,这样做公司也是允许的。可经理回答,小于要结婚,手中缺钱,他白天站柜台,夜里找了家打更的活儿,没时间卖药哇。

放下电话,罗光天琢磨开了:这个于雪林白天卖药,夜里找了个睡觉兼打更的工作,一人赚两份钱,尽管出于结婚的需要,但这小子不简单。他决定去现场看一下。

罗光天穿上一件“老头衫”,戴上墨镜,来到东岭超市,远远地往药品专柜那边看。有顾客来了,他信步踱过去。

也巧,这顾客就是冲那种保健药来的:“小伙子,你这药……”

“噢。大叔好眼力。与时俱进,您有保健意识,肯定不是一般平民。”那位站柜台的小伙子满面笑容,不用问,他就是那个于雪林。

“哪里,我是下岗工人。”

“哎呀,大叔哟,说死我也不信呀,像您这样有素质的男士还下岗?”趁对方被他捧得高兴时,小伙子把药品双手递过去:“现在,智商高的人都想通了,金钱有价,生命无价;生命有限,健康无价;拥有健康,您就拥有了品位,生命人人有,含金量大不同!”

“怎么个价呀?”顾客问。

“咱这是明码标价,大叔您瞧。”小伙子将药盒上印的标价指给顾客看,“39块5角,大叔,咱有赠送,您瞧,‘好事成双,买二赠二’,这若是买了送亲友,还白赚两瓶自己健康一下,多实惠。”

那顾客略一思索。听了这么多热情的赞扬,看样子不买有些抹不开了,就说:“那就买一赠一不就得了?”

“大叔,”小伙子可不想放他走,神秘地压低声音,“按理,这是不允许的。您瞧,拆开了,再卖起来就有些费事呢。”

罗光天不由点头。这小子从拉住顾客到宣传出产品,一气呵成,关键时候,欲擒故纵。他“有些犹豫”地表示有一定难度,却又暗示“特殊情况下”有商量的余地……果然,那顾客很看重这次特殊的机会:“你拆开,我先试用一下,如果好了,下次就是你的回头客了。”

“我之所以敢拆开,就说明这药品不怕试,大叔放心。”于雪林小心地拆包,临走时不忘提醒顾客一句:“大叔可别提这事啊,让领导知道了,我可是吃不了兜着走。”

罗光天恍然大悟,这小子!

罗总马上下令,当天晚上召开全公司营销员工大会。

会上,罗光天把于雪林请到前台来,并对他说:“我看了你的销售表演,你做得好哇。口才只是一方面,更重要的是你抓住顾客心理,超额完成了销售任务,使产品更广泛地得到宣传。说说,经验或者思路是怎么来的?”

小伙子脸红了:“什么经验、思路,我就是想多赚点钱。薄利多销的道理谁都懂,何况我拆包出售并没降利。厂家有它的想法,企图通过赠品的办法缩短销售过程,岂不知,买一盒的比买两盒的人数不知要多出多少倍,这就是零售商品比批发的贵而顾客反而多的浅显道理。”

“聪明!”罗经理赞叹道。

“我是个笨人,”小伙子说,“我的这点想法,是吃一顿饺子的失败,给我的启发。”

于雪林两年前到一个林区给人做工,十几个天南海北的打工仔一起租房住。那里的盒饭死贵,大伙就核计自己做。于是抽出一个人做饭,结果吃得好多了,省出的饭钱给俩做饭的都够。本来挺便宜的事儿,可人相处久了,就有矛盾。

那年中秋节,放半天假。大伙就说咱包顿饺子吃吧。饺子煮好了,盛在碗里,每份都是七、八个饺子,唯独有一碗盛得满满登登。于雪林就想,准是掌勺的给他自己准备的,兴你自私,就不兴我占先？小于抢先端了那一满碗!

吃着这碗饺子，于雪林才知道自己中了圈套：他这碗饺子由于多，烫啊，越急越吃不到嘴里去，而别人的因为少，冷得快，吃光了再去盛那么几个……等到于雪林好歹把这碗饺子吃完，看同伴时，人家每人盛了满满一碗，锅里只剩下了汤！

“打那以后，每当我想把事情做到最大时，眼前总浮现出那一碗饺子。心想，企图全部拥有的人，未必全部得到。这就是我拆包卖药的基本思路。”

罗光万分感慨：“瞧人家。一次饺子，竟吃出这样的收获。大家如果都像他这样，咱公司何愁不火！”

非洲雁风波

三年前,卓燕霞从农村到城里打工,在酒店当服务员。临时雇工,做完今天没有明天,就这么被老板炒来炒去跳着做,最后这次做得较长,满一年了,在"天悦居酒楼"已升为领班。本以为在这儿接连干几年,找个对象结婚算了,哪想到只为不小心碰砸一摞碗,姑娘还红着脸说:"我赔,我赔",可老板娘不知跟哪个顾客惹了气,就把怨恨转到她身上了,"嗷"的一嗓子:"不想干了,滚!"

其实也不怪老板娘脾气孬,这城市寻别的难,要想找服务员,启事一贴就能把门挤破了,多的是。同是人,怎么就可以忍受这样的污辱?滚就滚。卓燕霞匆忙跟老板结算了工资,把砸碎的碗钱也扣除掉,只等干满这一天活,明天一早就另找活去。

刚结算完工资,2楼5号间来了桌客人,自己带了一只"非洲雁"要求厨师给加工,说是要招待远方考察的客人,当然又点了不少菜。做东道的是一家非洲雁养殖场的场主,"天悦居"的常客,他亲自到厨房再三叮嘱,尽量给做得好吃一些,因为来考察的乃是远方一家大酒店的老板,只要他吃得高兴,那订购数千只雁的合同就签了。

卓燕霞站在吧台前有一搭没一搭地指挥着服务员们招呼客人或者给各桌上菜，她想着明天不晓得去哪里做工呢。谁知道这几天换了几个生手，毛毛糙糙地把菜给上错了，2楼3号间有家人做寿，定的炖土鸡给端到了5号间，而那只非洲雁做好后，就端到了3号间。

非洲雁是当地新引进的品种，一般人见都没见过，价格十分昂贵。3号间的客人只知道吃得鲜美，竟“没留心”是只雁；而5号间里酒已喝到高潮，主人请贵客品尝时，那行家也只说了句：“不错，跟土鸡味道相似”，大家继续忙着敬酒，谁也没留心吃的仅仅是普通的炖土鸡。

突然楼上尖叫一声：“服务员！”

那负责5号间的服务员走过去一看，登时双腿一软，险些歪倒在地。此时她知道犯了大错，被炒掉不说，非洲雁的价格她是清楚的，预交的抵押金全扣光还不一定够呢。可怜这女孩一头闯出包间，两眼发直，说不出半句话来！

老板不在现场，老板娘不清楚其中缘由，忙吩咐其他人照顾那昏厥的女孩儿，她亲自满脸赔笑地过去：“老板，请问有什么吩咐？”

场主伸筷子先夹起一块鸡头，再夹起一只鸡爪，冲老板娘亮了亮：“你的厨师好手艺呀，把大雁炖成凤凰了！”

老板娘的汗水一下子顺着脖子流了下来！这种情况，她可以推到服务员身上，最后扣掉人家的工资；但是，酒店的信誉可完了，得罪了这位常客，丢了好大一笔收入不说，人家若是咬定你给耽误了合同，那损失可大了，他撕破脸皮这告那告，酒店还想开吗？老板娘可怜巴巴地瞪着一双死鱼眼，她也呆住了！

这时，只听那个已经被辞退了的服务员卓燕霞一声柔和的“这事怪我没说清楚”，人随声至，女孩手中拿着一瓶“五粮液”，满脸含笑，冲客人们鞠了个大躬，熟练地将酒启开，说，“是这么回事。我已经被老板娘炒了鱿鱼，今天是最后一班岗，心情极差。刚才那非洲雁炖好了，我端起来往厨房外走，不小心撞到了门帘上，有一串珠帘垂落进汤里了……那珠帘很不卫生，再窝心也不敢拿顾客的健康儿戏啊，我已央求伙计赶紧另去买一只。刚才那只土鸡是免费'救场'的；也怪那服务员没经验，把本应当告诉客人的话给忘记了，没看她吓成那样嘛。这瓶酒也算是我的一点心意，求叔叔伯伯们别生老板的气，我给大家敬杯酒……"

噢，原来如此。火气再大，又能对这样可人的女孩怎么着？客人们高兴地喝着女孩敬的酒，边夸，这酒店的服务质量就是不同寻常，宁肯赔钱，也要照顾自己的信誉，倘若换了别家，只需把珠帘捞出来，你能察觉吗？

这边老板娘也不是白痴，马上派人骑摩托去再买一只非洲雁顶替……等新的炖雁端上来时，那场主和贵客都喝得高兴了："再上一桌菜，请老板娘批准我们回请卓小姐。堂堂男子汉们喝小女孩儿的酒，以后如何做人？"

最后，那瓶"五粮液"和土鸡钱照付，一分不少，场主还说定，今后这里就是他的"点儿"。就这样，卓燕霞不仅解了老板娘的围，晚上这一桌又帮酒店狠赚了一笔。

送走了贵客，那场主二次返回"天悦居"，指名要卓小姐说话。卓燕霞正吐得昏天黑地，哪有说话的力气？场主笑着问："小姐，你中午说了谎，其实错误根本不在你。我只想问你，既然被炒了鱿鱼，必然恨老板，酒店出事应当高兴才对，凭什么帮他们的忙？"

"这怎么是帮他们？"姑娘强撑着回答，"我是在帮自己。好歹是我工作过的地方，我怎么忍心眼看它受到伤害？至于炒鱿鱼，那是正常的事，世上哪有干一辈子的临时工？"

养殖场主脸色凝重起来："姑娘，你月工资多少？……明天去伯伯那儿吧，我给你涨一倍工资。就冲着这种品质，你放到哪儿都不会差。"

话没说完，老板娘红着双眼进来了："我说蓝老板，谁说炒她啦？俺俩相处得跟亲妹妹一样。明天我要当着媒体公开承诺,卓燕霞这样的员工,我无论如何也不能放弃,您别挖我的墙脚好不好。”

老板娘也不傻,给卓艳霞涨工资能花几个钱?有了这样的名牌服务员,她酒店知名度不炒起来才怪。

经商之德

女孩上小学二年级时，她父母双双病倒，家里一分钱没有，女孩差点就不能上学。村里不少人感叹：“她爹妈咋就一块儿病了呢？那孩子怪可怜，得帮她一把。”

可山里人光有心，却没钱。女孩的老师就给出主意，现在城里人钱多了，乐意吃野菜，荠菜很抢手。号召稍大些的孩子周五下午不上课，去田里帮女孩挖荠菜。

挖回一大堆，老师每半斤一袋，装了几十袋，周六领大家起早拿到市场上卖去，卖得的钱都资助女孩读书。

女孩也背上8袋荠菜，起大早跟哥哥姐姐们上了路，走了20多里进入集市。老师说，卖两元钱一袋，最低不得少于1元5角。

女孩蹲在市场上，买主就纷纷过来问价，给1元，不卖；给1元5，不卖，就是两元。人们就说，哪有这样做生意的，一口价？女孩蹲得腿麻眼花，好歹才卖出两袋。

直到荠菜都晒得发蔫，老师才领着所有学生，从市场另一端一路寻到女孩这边，问：“你怎么才卖了两袋呀？”女孩答：“我挖得少，心里惭愧，我想尽量多卖点钱。”

老师听后，沉默了好久，便做主把剩下的6袋6元钱处理掉，领着同学们往回返。老师问同学们，今天女孩牺牲了一个摊位，却帮大家迅速卖掉所有的荠菜，其实我们等于多卖了钱，大家懂不懂？同学们摇头。老师说，这是起到了陪衬的作用，她独独坚持卖两元，其他的1元8角，买主就以为便宜了，如果她1元5角就卖掉，说不定咱们也只有降到1元了，这是经商之道，长大了你们就懂了。同学们点点头。女孩也点点头，又点点头。

一晃10多年过去。

女孩没考上大学，到市里商厦租了个摊位卖服装。她的服装见利就卖，久了，生意出奇的好，于是越做越大，杭州某公司来物色时装专卖代理，几天观察过后，在诸多老板中唯独选中了她。

女孩成了众人艳羡的款姐儿。当年帮她挖荠菜的师哥师姐常常沾她的光。

有一次，款姐儿请大家吃饭，席间回忆起卖荠菜的事情，说她至今没忘记老师当年的启发，经商之道是要遵循的。

大家莫不诧异：“当年你是死守价格，掩护了大家，咱集体结算，才盈大于亏；而现在你是见利就让，没有协作者，两者恰恰相反，怎么能富在其他人前面？”

款姐儿笑道：“此一时，彼一时。当初死守价格，是珍惜哥哥姐姐们的血汗，于意料之外多赚了钱；今天见利就让，是挥洒我自己的财富。只晓得慷别人之慨，怎么会得人心？经商之道固然重要，经商之德更重要。”

满　分

秦越在班里是个出了名的“一根筋”，凡事只要他较了真儿，九头牛也拽不回来。本来，他学习成绩不错的，可是，高考临场没发挥好，以5分之差名落孙山。家里穷得靠最低保障金维持生活，哪里还有钱供他复读？秦越只好去给一位卖蔬菜的远房表叔打工，想辛苦一年，赚够复读的钱，以图东山再起。

这一天，秦越按表叔的吩咐，到批发市场进了几样菜。一回来，就让表叔劈头盖脸好一顿训：“你这个死心眼，锻炼了半年，怎么一点长进也没有？将来做买卖，有老婆孩子也得赔进去！瞅你进的这几捆油菜，外面倒是像样，可每捆中间夹了这多些半截的，哪个顾客会像你这么傻，人挑选时会打开捆看的。剩这些半截拉块的，你卖给谁去。”表叔唠叨个没完，“现在考场，考生哪有不搞小动作的？就你硬充好汉，同学主动跟你交换答案都不答应，否则，早成大学生了，用得着跟我受这窝囊气嘛。”

挨了一顿训，秦越心情坏到了极点。可真是的，自己怎么就不会细心一点呢，这些夹短货的捆儿甩出去，不就没事了。这时，过来一位顾客要买油菜。他想，先把夹带半截的给称出去。然而，根本办不到，顾客很计较：“小伙子，不麻烦你，我自己挑。”就这么卖到天黑，几捆劣质油菜一捆也没出手。

眼看商场要关门的时候，来了一位老爷子，站到秦越摊床前，先买了几样蔬菜，最后说：“你再给我拿捆油菜。”这老头儿很好说话，自己不动手，任凭秦越给他拿菜。

机会来了。秦越拿了一捆夹短货的，象征性地往半空一举：“老爷爷，您看这捆行吗？”

“行，你称就是。”

老头儿提着蔬菜刚离开，秦越心里忽然觉得无比难受。他天天被那些刁钻难缠的顾客弄得精疲力竭，好歹遇上这么位通情达理的顾客，老人家不砍价，不挑剔，一切都由他说了算，自从卖菜那天起，就从来没有人对他这么信任、尊重过。而他竟然骗了老人家，刚才那捆油菜是夹带短货最多的！远远望见老头儿正冲着出口方向蹒跚着走去，秦越的良心再也承受不下去了，他抓起一捆最好的，追上了那位老顾客：“老爷爷，请您留步。”

老头儿让他的举动弄得莫名其妙。

“爷爷，对不起，您那捆菜里夹着些短的，我给您换掉。”

“噢，这点事儿呀。再长的也不能囫囵吃呀，无非择菜时费点工夫，没关系的。”

“不，爷爷，求您让我换了吧。一捆菜事虽然小，然而我辜负了您的信任。不让我补偿回来，我今天晚上睡不着觉。”他坚持从老爷爷的购物袋中换回了那捆夹杂着短货的油菜。

“嗨，怎么样？”一个熟悉的声音响起。秦越抬头一看，这不是自己的班主任欧阳老师吗？

欧阳老师笑了，说：“秦越，你差点失去了一个千载难逢的机会。”

这老人原来是个老板，他的公司一直缺个忠诚老实的人选，替他看管库房，待遇自然相对优厚。昨天遇到朋友欧阳老师，跟他谈起此事，欧阳老师说，他有个学生，为人正直，高考时不幸落了榜。孩子家庭又困难，如果有个好工作，他完全可以边打工边自学。老先生大感兴趣，今天由老师远远地指认，他借口买菜，其实是打算目测一下这小伙子，只要看着舒服，明天就通知他去面试。

秦越红着脸站在那里不知所措。老人家笑了："秦越，明天去我那儿上班吧。我今天没有考试的意思，可是，这一捆油菜代替你完成了答卷，满分！一个这样尊重别人信任的孩子，他怎么可能让我失望。"

秦越自己也糊涂了：他事事认真，表叔从来没说他一句好；而今天头一次做了件错事，居然获得了个满分！

给我擦干净

正月初四吃过早饭，华莹莹要作为代表替妈妈参加同学聚会，她着意打扮了一番，兴冲冲地踏上了13路公交车，抢到一个座位。

刚刚下过一场雪，车厢里被上下车的旅客踩得稀溜溜滑唧唧，她的礼品箱没处放，只好抱在怀里，眼睛还得警惕地注视着脚下，她这双皮鞋虽然是减价货，可也算名牌哪，万一被哪个冒失鬼踩上一脚，那可窝囊死了！

华莹莹的心情忐忑不安。今天参加妈妈的同学聚会可不同寻常，其实她是去完成一件大事的，她的命运极可能在今天来一个彻底改变。打出租车到召集人吴阿姨家需要20多元钱，她舍不得呀，舍不得就只能挤公交车。车子在她眼里简直成了牛车。她恨不能立即飞到吴阿姨家，见到她想见的人。不谦虚地讲，她的脑子聪明，应变能力特别强，本来就具备公关的天赋，只恨生不逢时，才当上了下岗工人。今天时来运转，明天她就可以变做公司库管，老总秘书，公关部经理……想起那些擦鞋顾客横挑鼻子竖挑眼的牛哄样子，华莹莹心中作呕，有朝一日姑奶奶直起腰来，哼。

车内人挤得很。华莹莹此时仇恨所有的人，大过年的，不老实在家待着，都出来凑什么热闹呢。如果吴阿姨这次聚会早一些日子召集就好了，那么今天她可能坐在高级轿车里欣赏穷小子们挤车的狼狈样子。这时,又挤上来一位老头儿,穿一件旧羽绒服,旧裤子,呢子帮棉鞋,一看就知道是个走街串巷拾破烂的主儿,他左瞅右瞅,企图找座位,真是老土,没坐过车啊,这境况还指望找着座儿?结果,因为车内滑,老汉一个踉跄差点扑到华莹莹怀里,车子一开,他站不稳,一脚踩在了华莹莹锃亮的皮鞋上!

这还了得!华莹莹跟丈夫结婚不到两年,夫妻双双下岗,只好租赁了一间小屋,开起了夫妻擦鞋店,那些顾客百般挑剔,让她受尽了窝囊气。今天她花钱坐车,难道也要白挨人踩,而且是这样一个穷嗖嗖的老土?

她嗷地一声叫起来:"没坐过车呀你,头上那吊环不会扯着,你踩死我了!"

那老头儿一瞧,脸马上红了:"对不起,姑娘,我真没坐过车。"

"对不起值多少钱?我这皮鞋可是名牌,你给我擦干净了!"

平时,她华莹莹低三下四给顾客擦鞋,为了赚一元钱,没法子,可眼下这穷老头子居然也踩到她脚面上了!这是寻常的脚吗?说不定,将来会被某位名人捧在怀里搂着!华莹莹将礼品往怀里一揽,皮鞋跷起老高,恨不能踢到老头儿的鼻梁上!

车里有人看不惯,一个老太太说了句:"都是坐车的,将就点儿也罢,你坐着,他恁大岁数还站着,又不是故意……"这老太太也敢多嘴,顶多像个卖咸菜的!华莹莹纤指一点:"你给我闭嘴!你让我踩一下试试!"老太太害怕她厉害,马上闭了嘴。

老头子忙说:"姑娘别发火,是我的错,我给你擦就是。"说着,蹲下来,从兜里掏出一张餐巾纸,仔细地擦华莹莹的鞋。老头子很拙笨,擦了半天,还是有污痕,华莹莹这一刻仿佛找到了一点感觉,说:"今天算你运气好,遇上我心情不错。告诉你,今后在人多的场合长点儿眼神,别瞎哄哄的。"老汉理短,不住声地道谢,华莹莹才放了他。

这时，下车的多了起来，老汉刚挨到一个座位，却又上来一位年纪更大的老太太。老汉说："这位老姐姐，您坐这儿吧。"

华莹莹心中暗笑，公交车上装什么斯文，这老土鳖天生是奴才命。车子到了吴阿姨家的那一站，她抱着纸箱下了车。

昨天，吴阿姨打电话给妈妈，华莹莹就感觉到一个伟大时刻要到来了，因为吴阿姨告诉妈妈，柳茂盛竟出人意料地答应参加这次聚会！柳茂盛是妈妈读高中时的恋人，俩人恋得死去活来，可惜，莹莹的姥爷是某厂的保卫干事，而柳茂盛的父亲是个掏大粪的临时工，门户相差太大，姥爷强别硬拧，到底拆散了一对鸳鸯！据说，柳茂盛为此自杀过，而后，他七八年未娶妻，一直苦想着莹莹的妈妈……

真是三十年河东三十年河西呀，经过10多年打拼，柳茂盛居然当上了邻市某集团的老总！妈妈无法面对柳总，而莹莹自告奋勇，她想，凭自己的相貌加才干，保准让柳总一眼就忘不掉。她今天就在酒桌上拜柳叔叔为干爹，柳总绝对不忍心拒绝，那样，她随便到公司干点什么，还犯得着再给人擦鞋吗？

吴阿姨门前没有她想象中的豪华车，那就是说，她渴盼的柳叔叔还没到。上天保佑，柳叔叔千万可别也是派代表来啊，那样，华莹莹一片苦心可就白费了！

三间房屋里已经挤满了客人，都是莹莹妈妈的高中同学。叔、伯、阿姨们七嘴八舌地夸奖华莹莹长得漂亮，跟她妈妈当年像一个模子铸出来的一样。华莹莹就噘起了小嘴，诉说车上遇上的不愉快。"柳叔叔迟到了？都怪我今天不顺，遇上那个土鳖老头子，把我这新皮鞋踩出个瘪儿来。要是我老公在场，非悠他一顿炮子不可。"

正说着呢，就听吴阿姨尖叫一声："哎呀，好你个柳茂盛，你这是演哪出戏呀？"

柳叔叔来了！华莹莹端着一脸笑容挤过去，一片问候声中，她呆住了，门口站着的柳董事长，竟然是在车上替她擦鞋的窝窝囊囊的土鳖老汉！

华莹莹脑子再聪明，也没想到会是这种结果，更想不出来她该怎样面对柳叔叔！她恨不能找个地缝钻进去，大脑中什么飞黄腾达扬眉吐气呀，都没有了，只要能让她躲过眼前这场尴尬，她什么要求也没有了！恍惚间，听得吴阿姨对柳董事长说："你不是整天盼望见卓小娅吗？她有事脱不开，派女儿华莹莹看望您来啦。莹莹，莹莹，你不是想见到柳叔叔吗？"

"噢，是你呀。小姑娘，见过，见过，我觉着眼熟，果然像当年的卓小娅。"柳叔叔亲切地握住华莹莹冰凉的小手，仿佛他把车上的羞辱全忘记了一样。

"你们认识？"叔叔阿姨们很诧异

华莹莹"哇"的一声哭了："柳叔叔，感谢您大人大量，不记小人之嫌。我想问您几个问题。"

柳总慈祥地笑了："孩子，跟柳叔叔还有好客气的吗？说。"

"为什么您有专车不坐，却穿上这身衣服去挤公共汽车？"

"傻孩子。"柳茂盛笑了，"专车是办公用的，私用不妥。何况我今天是来会同学，不该在同学面前摆谱，所以向公司保安的父亲借了一套行头，挤汽车赴约。只不过没想到挤公交居然大有学问，累得我出了丑，看来以后得多体验生活呀，否则，岂不成了呆子。"

"柳叔叔，我还想问，像您这样一呼百应的人物，肯定威风得很。我在车上那样对待您，您为什么低眉顺眼地赔不是？"

"威风？我才管了多大的企业，值得嘛。踩你鞋，分明是我错了嘛，你的态度有些过头，可你又不是我的员工，我有什么不理解的。当然，如果是我的员工，那她就永远别想迈进我公司一步了。"

"我懂了。"华莹莹沉痛地说，"今天没白来，我懂得了一个道理，那就是柳叔叔为什么当老总而我们夫妻为什么只能擦鞋。"这天酒桌上，她仍然欢歌笑语,帮助吴阿姨把聚会推向了高潮,只是她没提干爹什么的事,当然也不会央求柳叔叔的公司收留她。

华莹莹回去后,继续擦她的鞋。5年后,她拥有了一家微型企业。凡跟她打交道的人都说,华经理和蔼可亲,人品极佳,难怪她的企业红火。华莹莹神秘莫测地笑了:“我是谁?连著名企业家柳茂盛都亲自给我擦过鞋,这是借他的人气呢,能不火吗?”

拉　　煤

老郑一大早赶着马车去拉煤,半路上车轱辘出了点毛病。他刚蹲下想看看怎么回事,就觉得腰间被什么猛撞了一下,疼得他歪着嘴站起来,原来是一个戴眼镜的骑着车子路过,那脚蹬子撞着了他的腰!

老郑正要发火,那眼镜连连道歉:“对不起,我眼神太差……”话说了半截,对方惊喜地叫起来:“是您哪,您不认识我啦?”

原来遇上了熟人。老郑火再大,也发不出来,他大脑飞快地想了一圈,到底没记起亲戚圈里有这么个眼镜。眼镜见他惶惑,笑眯眯地提醒:“你给我拉过煤!”

拉煤也算认识！老郑一年四季,指望给人拉煤养家,怎么可能记住一个普通客户。

“你明天还拉吗?”见老郑没来得及火起来,眼镜又一次套近乎。见老郑点点头。他接着说,“正好我还有一车煤的票,明天上午,我来煤场找你。”

话说到这份儿上,老郑就不好发作了。

可是回到家里,那腰疼了半夜。他这个后悔呀,大老粗到底斗不过知识分子,抓住用户是上帝这个心理,假托雇我拉煤,把我糊弄啦！老郑恨恨地想,念书的坏心眼多,交谁也不能交他们。早晨起来,见大雪封门,心情不好,老郑就没出车。

午后,雪下得更急。老郑懒塌塌地套上车,晃悠到煤场。这些天活不好揽,煤质差,拉脚的同行忒多,远远地就看到空着七八辆停在煤堆边,赶车的盼雇主望细了脖子。得,今下午白来啦!

忽然有人跺着小步跑来:“来了,师傅!”是眼镜,是昨儿撞他一脚蹬的那眼镜!眼镜身上淋了厚厚的雪,冻得跟虾似的,“我等你好一阵子,我感觉你肯定能来!”眼镜一脑袋勾勾头发里掺进不少雪面子,那样子很狼狈。

腰疼的气有些消了。老郑点头笑着,心里有些暖,便去刨煤,装车,然后上路。心想还不算亏,下午没白出来,拉到地方,再多勒他点脚钱,就算买贴膏药吧。

眼镜住平房。开门,一个中年娘们儿出来,问眼镜:“拉回来啦?”又冲老郑笑笑。

“挺难装?去这么半天。”娘们儿又问。

“不是。我答应这位师傅,我就得专等他。”

“我说家里多的是煤,你非去拉不可。挨这个冻。”娘们儿一边为男人拍打雪,一边抱怨。

可真。他家仓房的煤足够一冬烧的。老郑心里一热,煤卸得贼麻溜。

“哎,师傅,你上午没在煤场吗?”娘们儿问老郑。

老郑点点头,又有些纳闷:他怎就知道我上午没在?

“噢。这呆子出去一上午,空手回来,说没等着你。我当他莫不是学着玩麻将去了,原来是真的没等到你。”

“我答应过人家,能不讲信义!”眼镜看他媳妇一眼。

一张百元票递过来。

也不知是股什么劲,老郑坚决不接,他壮着胆子叫了声:“大哥,您给钱,就是贬我了,下次兄弟到这儿找杯酒喝,让不让?”

往回走,老郑鞭子悠得飞快。头一遭长了见识,看人家这品行!赶明儿孩子长大,无论如何也得使劲供他念书!

卖微型玩具的哑女

可能司机要下车办点私事，旅游车便在这个小县城做短暂停留，然后要去新县看许世友墓。我正想眯登一会儿，却有人拍我的肘弯。原来是一个年轻女子，手拿一堆塑封的微型玩具，直往我眼前推，意思是让我买。

看了一眼递到我眼皮底下的一张硬纸打印的求告信，我才知道她是个哑女，要大家照顾、关爱残疾人，买她的玩具。残不残疾我不管，六旬老汉买这样的东西，百无一用啊。我立即摇头。因为我坐最前排，哑女并没过久地纠缠，她继续向后排推销，车上至少坐了30名乘客呢。

但我通过司机窗前的后视镜清楚地看到，哑女直推销到最后一位游客，仍旧一无所获。所有的人都商量好了似的摇头。也是，出门旅行，哪个会买那种没用的东西？

突然我就产生了一股强烈的同情心。哑女大概30好几了吧，低三下四地求你们，大不该用一脸漠然去回报人家。肯定是我的同情从眼神里流露出来，那哑女下车前在我身边站住，再次拍我的肘弯，并一再把那求告信指给我看。

这时，我大脑一热，掏出20块钱给了她。

女子欣喜地接过钱,立刻万分殷勤地把所有几种货物全摆在我腿上,让我选。我摆手,意思是我不要玩具了,白送她20元。其实我偷眼瞄过,她那些微型玩具上是贴着标价签的,5元、10元、12元……直到20元不等,充其量也就两三块钱的小把戏,价格也不合理呀。

哑女明白了我白送钱的意思。可她还是在自己的玩具中挑选了一番,最后给我选下一件10元的放于我手中。出乎意料,她找还我10元钱,然后,深深地鞠了一躬。下车后,又在车窗外向我招了一下手。

那一刻,我有些感动。这孩子良心不坏呀,她本来可以接过钱走人的,因为那钱是我自愿给的;她也可以卖给我20元的那种,这似乎也算公平交易。然而没有,根据我这种年龄能接受的,她只收下我10块钱!

车子接着发动。我身边的游客便有了话题,有的说,这东西花10元钱,太不值了;有的说,现在这种事太多,同情不过来呀;还有的说,是不是真哑人,谁知道,就算是真的,不缺胳膊不缺腿的,完全可以就业挣饭吃嘛,何苦干这个……仿佛我是个无可救药的白痴,如何如何可怜又可恨一样!

我不想被搅了游兴,便婉转地开导大家:“说下大天来,不就10块钱嘛,过去就去了。”游客们见我不知好歹,话题也就转移了。

因为次日我要去光山访友,当夜回返经过小城时我离团下车,次日一早,便去客运站上大巴。坐下不久,我发现对面有卖煮玉米的,便下车穿过小街,刚问了价格,就听到一声女人特殊的尖叫,下意识地回头,见是昨日那卖微型玩具的哑女,她的手与另一男子握在一块,那男子手中攥着我的手机!可能是我过于马虎,下车时手机顺手揣在裤后兜里,恰恰让贼顺手牵了羊。哑女这一尖叫,马上围过来好多人,那贼见势不妙,钻出人群,跑掉了。

哑女向众人打手语,解释这件事。我不懂手语,但大抵看得出,她居然记住了我昨天帮助过她,她夸我是个好人,大体是不可侵犯的意思。

哑女保住了我那价值好几千元的电话,保住了里面贮存的大量信息。

为表感谢，我掏出一张百元币，表示要买她的玩具。然而，她笑着摇摇手，转身挤出了人群。

汽车发动，我听到有人敲车窗。呀，是那个卖微型玩具的哑女，她可能停下自己的生意，一直在附近观察着我，就等着这个告别！我的鼻子一下子酸了。

匆忙中，我仔细打量了这个女子，相貌还很清丽哟，一些雀斑镶嵌在小巧的鼻子四周，仍然掩盖不住少妇的秀气……她与我女儿年纪相仿，而我女儿是高级白领，她却在这儿每天接受无数乘客的拒绝。我的女儿会因为某人给过一次小小的帮助，以奋不顾身地与邪恶斗争的方式报答对方吗？

汽车驶出市区。我情不自禁地回头张望，卖微型玩具的哑女，谢谢啦，是你让我牢牢记住了大别山下这个叫做潢川的小县城，明年，只要身体允许，我一定专程过来游玩，我是多么地希望那时还能见到你呀，我的孩子。

第三辑

肠断《渔女图》

第三辑

引 贼 看 门

索有良老师刚刚把饭做上，电话响了，是市区内的几个文友邀请他到酒楼一聚。索老师无职无权，最近又退了休，难得有人宴请他，便觉得十分高兴，决定立即应邀。可是，老伴买菜没回来。等，怕误了时间；留个便条，老伴没拿钥匙，怎么能够看得到？贴在门上吧，又不敢，那等于告诉小偷说家里没人你只管放心地偷吧……索老师难为了老半天，突然一拍脑袋：有了，老伴回来必要经过小卖店门前，我告诉小卖店里的老板，让他转告一声不就得啦？

锁好门，索老师把钥匙藏好，就去对小卖店老板说了声："我去市里赴宴，你婶子回来，告诉她我们家钥匙在门上边的隔板上……"然后，他直奔市区。

索老师直喝到天黑才尽兴而回。一进门，看到老伴神色紧张地对他说："你不去喝那顿酒能馋死？如今咱家进来贼啦……"

"啥？"索老师吓出一身冷汗，酒也醒了："东西丢了没有？不行赶快报案。"

"东西没发现少什么，可咱家的存折不见了(那时候存折不留密码)。"

索老师来到床前，从床下拖出一只水鞋，他看了一眼，长出了一口气：“还好。我也是多了个心眼儿，临时把它藏在这里面啦。”

既然钱、物没丢，老两口坐下，听老伴讲事情的来龙去脉。

索老师走后不过一小时，老伴买菜回来。她刚上楼梯，却看见楼上人影一闪，那行为好反常。她赶紧追上几步到了楼顶层，这回堵着了，原来是楼左平房的小胡三！这小子打小手不老实，偷犯了，抓到劳改队里判了好几年刑。这次在门口转转肯定打的是索家的主意，没丢东西，只可能是他没来得及下手……

索老师也一下子回忆起来：他告诉小卖店老板的时候，可不那小胡三就在店里买烟嘛。当时自己赴宴心切，竟然忘记了他的前科。准是贼性不改，听到消息，便去找门钥匙，不巧让老伴撞见。

这可怎么办？老两口陷入了极度紧张之中。小子盯上这家，又知道藏钥匙的秘密，躲过初一，逃不过十五……胡三放出来后，找了个打更的活儿，夜里睡觉挣钱，白天就在这一带溜达，哪个有他的功夫长啊。

索老师老两口紧张了好几天，便觉得躲不是办法，得让这小子知道，我们早就提防你啦。老两口商量，他不是常常在小卖店闲坐嘛，咱们来个诱蛇出洞，专瞅他在场时故意露风给他，然后，再让他知道老实人也不好惹……

就这样，索老师让老伴观察，胡三在小卖店里，她便假装出走，索老师故意去告诉老板道是他有事，钥匙在老地方。一连几次，他们突然杀回来，虽然没抓住胡三的把柄，却总是撞见他在楼道上或者门口四处游荡。看来他贼心不死，只是老两口防得严了些，他无法下手。

索老师有些愁啦。国家教育多少年，白费，通道还让他二进宫？说服他？管教比你这个教师专业，都没效果，何况他两家有积怨。

那是胡三还小的时候，这小子常常来索家玩耍。索老师家中一些小物件一件件被小子偷走，却一直没发现。后来知道丢了东西，也想不出是什么时候的事儿和哪个人干的。一次，索老师到胡家办点小事，突然看见他家菜板上放着一把菜刀，这把菜刀他认识：那是他的一个学生，在轴承厂当铁匠，从哪里搞来点不锈钢，打成刀送师母用，全世界就这么一把，索老师能忘记？他对胡三的妈说："大嫂，您这刀是我两年前丢的。您儿子真得管管啦。"话没说完，胡三的寡妇妈竟然翻了脸："你们的刀？你种高粱，旁人不敢屙红屎了是不是？""您别上火。我这刀是学生打的，不信可以找来问问。""你打不打的我怎么知道？我们这是在江桥边那个废品摊买的，难道当时还要经你批准？"索老师一听不像话，气得丢下一句："我不管，有朝一日有管的。"转身就走。可不，没过两年，胡三因盗窃罪被判了刑。

索老师一连几天没睡好觉，对老伴说："咱们设计，把他抓着，小子理短，才能听我的劝。上次咱们丢了东西不追究，孩子下了道，我也有责任，这遭说什么也不能见死不救啦。"

按照索老师想出的计策，他们好几天才寻找到一个胡三在小卖店的机会，老伴故意在那里露了一下脸以麻痹胡三，然后她到别处打电话通知索老师开戏。索老师匆匆锁上门，到小卖店里也是按那次说的，留下口信，他却去了对面楼一位朋友家，这家的后窗正对着索家的阳台，经过精心设计，屋子里的情况大致看得清楚。

索老师刚刚到了朋友家，就见胡三果然已经进了他们家的单元，在楼内不大功夫，竟然开门进了屋，到阳台上，低头弯腰的找啥。索老师急忙往家跑，打开门，胡三小子作完案，刚撤到门口，被索老师撞了个正着！

两人一愣，胡三涨红着脸说不出话来。

"胡三，你进屋里来，大伯有话跟你说。"索老师板着面孔，"我确实没有难为你的意思，不过，人要脸，树要皮……"

"大伯，您是讲我老毛病又犯了？我没那回事。"

"别狡辩啦，孩子，大伯不想害你。你没犯病，进我家干什么？"

胡三喘了一口粗气“大伯，您一走，我望见您阳台厨房上燃着煤气罐，很危险的，我进来帮您关上。”

原来这样。索老师这几年上了岁数，记忆差得惊人，刚才老伴打来电话，他一激动，把烧着开水的事忘了，倒是多亏了胡三。但是，理归理，他总在河边站，必有望海心。“可是，胡三呀，大伯问你，你没事怎么老盯着我们家干什么？”索老师面对这个百般抵赖的小偷，十分生气，他定要问个明白。

“大伯以为我胡三一辈子狗屎抹不上墙了是不是？实话讲了吧，我这个贼是给您看门。那天您告诉老板，偏偏让我听到做什么？大伯呀，我自从栽那么一回，下辈子也记着教训啦，如果您不在家，恰巧有小偷偷了您的东西，您肯定会怀疑我对不对？我就给您义务看着。谁知道第一次就发现你们家点着煤气灶。我悄悄进去给您关了，把钥匙又放回原处。大伯，我只希望咱这一带别出事，别不明不白地牵上我，我现在处女朋友了，万一有个闪失把以前的都抖搂出来，这事不就完了嘛。”

听完胡三的解释，索老师心里像是打翻了五味瓶。是啊，人与人之间要有个信任，胡三有前科，也不该老惦记着不忘呀。老头子诚挚地向对方道歉：“都是我不好。胡三，我信任你。你不恨大伯吗？”

“不，大伯，大家都防着我，也未必是坏事，当年要不是我妈护着我，我怎么能摔那么大个跟头！现在，我还恨她。”

一老一少眼圈都红啦。

壮　举

人们看见洪水中挣扎着一个女人，头发披散，在水中沉下去，浮上来，一只右手在浮出水面时就乱抓乱划拉，这人还活着！然而，谁敢下去救她呢？距落水女子200米处，便是大桥，一眨眼的工夫，吸进桥孔内，浪里白条张顺再世，也逃不出来！

说时迟，那时快，只听人丛中有谁吼了句什么，就见那人嗖的跳下水去，不偏不正，恰巧落在那挣扎着的女子身后，一手抓住她后身的衣服，那女子便被擎出水面，而这时两个落水人已漂近桥孔，他们身后，有只大闷罐挟着柴草，铺天盖地地压在两人头上！

至少有半数以上人闭上了眼睛。可是，奇迹出现了：油罐从头上压过后，两个落水人被压力弹出水面，而后面的柴草中叉着一根枯木，油罐撞在桥墩上略一停顿，又以更快的速度钻入桥孔，而后面的那根枯木恰似一根杠杆，把两个落水人一拨，挑近岸边，早被护堤的人们七手八脚救上来。

跳水救人的是戏创室的宋文，几年来没发表作品，哪个把他当人看！但是，危急之中却有了这样的壮举，不由你不佩服！

两个大难不死的都在高烧昏迷中抢救，市抗洪指挥部的《抗洪简报》便刊出了描写那激动人心场面的文章和宋文的简介,勤奋创作,不争名利,任劳任怨,团结同志。有关领导得知宋文至今连住房都没分到,弄得老婆离婚,自己睡办公室的事实后很是重视,立即指示,给他记大功一次,长工资2级,解决住房一处,并批示一定要把英雄的抢救工作做到万无一失,不能留后遗症。

最先醒过来的是那位落水姑娘。她醒来的第一句话就是"钱呢? 钱!"医务人员告诉她,是不是防雨绸布袋里的十捆百元币? 分毫无损,已交由医院保存。

"那是公款。"姑娘哭出声来。

姑娘郑红是某乡信用社的储蓄员,洪水决堤时正值班。危急关头,姑娘把10万元公款从金库中抢出,因此也耽误了时间,被卷入大水中……

原来宋文救的也是个英雄,她醒来第一件事就是惦记着那笔公款,宋文拼死救人的事迹就更加辉煌!

洪水终于退去。市府奖励有功人员,特意为宋文和郑红举行了一个庆功授奖大会,市委书记和市长都出席了。大会拍照、录像,好不热闹。当市长宣布完嘉奖决定时,如雷的掌声响过,宋文对市长说:"若说工资、房子,我早该有的,却迟迟不给;现在不该给时,却硬要给,且搞得如此隆重。究竟是为什么?"

"你的壮举为大家做出了榜样,应该得到这些。"市领导解释。

"假的!"宋文一语,满座皆惊!

单位的庸人多的是,可宋文没处理好与主管领导的关系,对方就利用他创作成绩平平这一点,大会小会拿他开刀。至于提资、住房更是如此。他不服,向上级反映,不可能有结果。那天见水中挣扎着一个女子,长期压抑的他想,不打算死的都死了,我这想死的为什么还活着? 下去救她。救上来自己死了也值得。于是跳入激流。其实他不会游泳,入水后发生的一切,都是赶巧了,谈不上什么壮举,他为什么要接受这不属于他的荣誉?

全场鸦雀无声,谁也没料到会是这种结局。有人甚至怀疑宋文是落水受伤,落下了后遗症。

坐在台上的郑红“哇”地哭出声来:“宋大哥,我这条命是您给的,但是更重要的是您拯救了我肮脏的灵魂——我舍生保公款也是假的!

郑红那天跟主任值夜班,半夜发洪水,主任头一个逃出门去,而她突然想到,所里有10万元现金。她想,把这些钱拿走,假如小屋倒了,就说是让洪水冲走,有主任顶着,她也没责任……没想到是大江决了堤,要撤走已经来不及,她险些搭上一条命……

“不。两位同志,谢谢,谢谢你们。”市委书记大步向前,握住了宋文和郑红的手,“多少年我没听到这样的真话了,做一个英雄,当然不易,但是像你这样敢于在令人炫目的荣誉和利益面前将自己的心胸坦露,我看,比当一个英雄更难。从前没做好的,容我们检讨,这次的奖励,不用变更!”书记的眼圈儿红了。

会场上再一次响起掌声,比先前的更热烈,更真挚。

独力撑天

大雨倾盆,在崎岖的山路上颠簸了3个多小时,这辆长途班车突然抛了锚。车内所有乘客的心都着了火!

皱着眉头下车,司机师傅在车子外捅咕了几下,立即逃回来。他穿着雨衣,但雨大风狂,鞋和裤子还是浇得直滴答水。司机师傅摇头:“这老破车,又灭了火,麻烦各位下去推一下吧。”

话音未落,车厢里立刻沸腾起来:“我们花钱是坐车的,凭什么推车?你穿着雨衣都淋那熊样儿,想让我们都感冒啊。”

那司机双手一摊:“我没说马上推。我也没说非推不可。反正车子不推,神仙也打不着火。我愿意找这麻烦吗?谁让公司分给我这破车的。”

“我们买同样价钱的票,凭什么给破车坐?这败家的公司,倒霉的公司!”大雨天,本来没个好心情,此时乘客们心理更是不平衡了。

“骂!使劲地骂!”司机不阴不阳,“话别说那么难听,这乡下路况差,谁会把好车弄这儿呢,各位怎么不去大城市?听说首都好,差一点儿的车子连路都不让上呢。”

你一言,我一语,双方吵了起来。司机势单力孤,懒洋洋地闭上眼,反正车子不推是发动不起来。大家有时间,就这么靠。

就在这时,后排一位青年男子插话了:“大家把吵架发牢骚的工夫用在推车上,现在是不是走出挺老远啦?”

“哟,好人哪,高风亮节!你去,你去呀?”居然有人站在司机的立场上,乘客们几乎全站起来,所有的火冲着青年男子发了过去。

那青年男子歉意地冲大家笑笑:“我这就去。”他扶着椅背慢慢站起来。一迈步,众人的目光一下子凝住了:原来小伙子一条腿安的是假肢,怪不得他坐在后排不动弹!

年轻人走到车门口说:“师傅,不敢再等了。这雨反常,怕出现滑坡哩!”这时,司机把车门一开,他率先冲进雨帘中……

没有人吱声。但全车人全部站起来,默默地走下车,一位女孩子伸不上手,就撑起随身带来的小花伞,给这个遮,给那个遮……哪个也没遮住,她自己也淋得透湿,仿佛不这么淋,就对不住哪个似的。

汽车终于发动了。众人一齐拧衣服,车内水淋淋一片,这也挡不住乘客们的说笑声,他们刚才简直就是获得了什么重大比赛的金奖!

猛地,司机一声惊叫,大家顺着他的眼光回头一瞧,个个魂飞天外!原来真让那残疾青年说中了,刚才停车的地方出现山体滑坡,那段路转眼变成了一座小山丘!

乘客们有的流泪,有的感慨,纷纷向青年男子表示感激。不是他预见到危险,带头冲进雨中,大家此刻成了冤魂野鬼了!

青年男子不好意思地说:“我哪知道要滑坡。我是急着看奶奶去。滑坡的事是编出来骗大家推车的。”

毕竟是他救了一车人,众人还是感谢,问他奶奶怎么回事。

青年男子说,他此行看的不是亲奶奶。

青年男子与伙伴去南方打工,结果出了工伤,伙伴推开了他,自己却碾在机器下。小伙子虽然失去了右腿,却捡回一条命。可怜他那伙伴是孤儿,靠奶奶拉扯大,如今孙子没了,老人家今后怎么生活呀。小伙子急着去见奶奶,他必须陪伴老人度过晚年……

这答案出乎所有人的猜想!班车开动了,没奔终点,而是拐进了残疾青年要去的山村。这是一车乘客的共同决议,大家坚持要陪小伙子一起去看望那可怜而又让人羡慕的奶奶……

决斗大峡谷

亚克洛德小镇镇长卡托菲正喝着咖啡,办公室的门被人轻轻叩响。他知道来的是谁,马上笑微微地开门,拍拍来人的肩膀:“我的孩子,这些年就是工作工作,烦死人啦,竟没有腾出精力想法帮帮你,你不会怪我吧?”

进来的年轻人名叫阿洛加,准确地说,他现在几乎一无所有,是个准流浪汉,能得到镇长这样破格的礼遇,他简直是受宠若惊了。阿洛加连忙深深地鞠了一躬:“卡托菲叔叔,我怎么敢怪您老人家呢。都是我的命运不好,拖累您操心。”

“不,孩子。”镇长说,“我跟你父亲那么多年的好朋友,他破产的内幕怎么会不知道。他就是钻进了老史密斯设下的圈套,才拱手把整条大峡谷让给了对方。”

阿洛加的父亲在临终前最后的时刻向他讲过破产的事,老史密斯是个极有心计的家伙,他看中了老阿洛加大峡谷这座取之不竭的绿色宝库。便千方百计想跟老阿洛加交朋友,又教他吸毒、赌博……老头子沾上了毒瘾和赌瘾后,老史密斯故意输给他钱,让他错误地认为自己天赋并不差,这样,到底在一次大规模的赌博中,老阿洛加输光了所有的财产还有那座大峡谷……后来，老阿洛加才渐渐搞清楚，那些赌徒都是老史密斯串通好了专等他入套的。知道了，已为时太晚。老阿洛加临死时，嘱咐儿子：“凭你的聪明勇武，爸爸相信你一定能夺回本来属于你的那份产业。”

阿洛加深信自己的能力，他在等待时机。现在镇长主动愿意帮他，那可太好了。镇长说，“我的孩子，把维特、奥斯佳你那些穷朋友请一顿，关照他们：如果你斗不过史密斯，那就请他们为你除掉那家伙。”镇长把一沓钞票拍在桌子上，又如此这般地嘱咐了一番。

真是妙计！阿洛加把穷朋友们请到镇上的小酒馆里，大家吃得昏天黑地，纷纷表示愿意支持阿洛加，反正大家穷得什么都没有，谁还会珍惜这条苦命呢。阿洛加就借着酒劲儿，故跑到史密斯住宅的右前方大张旗鼓地撒尿。按当地的风俗，这是对房主最大的污辱和挑衅，主人想洗去这污辱，必须与挑衅者进行决斗，否则他会在人前抬不起头来。史密斯果然按照镇长设计的跳出来干涉了，于是，两人约定，明天上午，去大峡谷中心那棵大橡树下决斗，只许携带当地专用来决斗的剑，不能带手枪。

史密斯回家，把管家胡安叫到客厅，说：“我今天老觉得心惊肉跳，不是好兆头。虽然我的剑术比较出色，但阿洛加的腿脚更加灵活。这样吧，你带着人于10点钟悄悄接近现场，如果他杀了我，你们就把他干掉，否则，他会乘胜弄回他的财产，我的儿子将会接替他当乞丐了。”

上午8点半，一对冤家相聚在大峡谷的大橡树下，浓雾正迅速地笼罩整条峡谷，在这样迷人的风景区马上将有一个人命丧黄泉，真是不可思议。阿洛加将剑朝浓雾挥了几下，冷笑着说：“史密斯，你祈祷吧，今天你死定了，我是带着正义之剑来取你的性命的。”

史密斯突然觉得对手有些可怜，如果自己的父亲不那样费尽心机把大峡谷搞到手，他怎么至于混成今天这样子。他说：“小兄弟，得意太早了对你不利。父辈们的恩怨，我认为不应当一代代传下去，你瞧，我现在比较富有，哪里差你一张嘴呢。如果你向我认个错,我可以原谅你昨天的不恭,并且帮助你成个家,不再过流浪生活。""你想施舍于我？看剑!"

两个人斗了几个回合,突然,史密斯向阿洛加一看,说了声:"不好!"阿洛加以为他想故意分散他的精力以便偷袭,他跳到一边才回头看,这才知道史密斯不是瞎说,他身后的岩石边上正迂回过来一只硕大的豹子！他机械地一窜,跳到与史密斯并肩的位置,两个的注意力都集中到豹子身上,这家伙在上午觅食,并且攻击的是两个人,说明它不是极度饥饿就是受了伤,总之,这样的豹子非常危险!

而他们两个都没带枪,靠两把剑对付这不守规则的野兽,简直是拿性命开玩笑!

一对冤家再也顾不上决斗,他们争先恐后爬上那棵大橡树。

可是错了。豹子不比老虎,它爬起树来比人要灵巧得多,两个人爬到树上,比站在平地上更危险几分!

豹子果然追到了树下,仰头看了看树上的猎物,这家伙高兴得低吼了一声,把爪子往树干上磨了几下,一纵身子,那细腰优美地打了个扭儿,它已经爬在树上两米高了!

阿洛加此时早把对史密斯的仇恨忘到九霄云外了。他看到史密斯身材肥胖,上树有些笨,就着急地说:"史密斯,你快上,我在这里用剑阻止豹子的进攻。"

"那怎么可以。"史密斯喘着粗气说,"我可不是胆小鬼。"

"哎哟,瞅你那熊样,豹子险些咬住我的脚了,别废话,耽误了我的施展就是谋杀!"

史密斯只好爬到更高一层的树杈上坐下休息:"阿洛加,坚持不住了就告诉我,只要熬到10点,我的管家胡安就会带人来把这家伙吓走。"没想到,他安排胡安带领人来收拾残局,无意中却帮了自己。史密斯有些脸红。

这边，阿洛加坐在下面的大树杈上，手持利剑，两眼一眨也不眨地盯住往上爬的豹子。面对亮闪闪的剑尖，那豹子贴在剑尖够不着的地方，既不敢前进，更不甘心退下，它在等待机会，只要上面的人由于疲劳稍一松懈，那么，它几天的伙食就不愁了。

两人一豹就这么僵持着。

史密斯频频给阿洛加打气："别慌。重要的是别慌。坚持到10点，胡安就来了。咱们错就错在慌乱中爬树，错就错在没带枪，那个诺言真的比生命更重要吗？如果有了枪，这家伙准被吓跑。"史密斯说话的时候，脸上掉落了几滴水珠，他以为是树梢上的露水，可用手一擦，哎呀，这么腥这么臭！仰头一看，史密斯吓得差点失手从树上摔下去！

他俩爬上的这棵老橡树有一面紧靠悬崖，悬崖中部有一棵树，由于地势高，比橡树还高出一截，这树冠上盘着一条大蟒蛇，史密斯从来不敢想象有这么大的蛇，那蛇头比露易十三的葡萄酒瓶子还要粗出一圈，现在它脑袋探在空中左右摆动，试图够着橡树的某个枝条以便把它笨拙的身子引渡过来，它1英尺长的舌信子吞进去，吐出来，被风吹到史密斯脸上的，正是它舌尖上的黏涎！

史密斯心惊胆战。他的处境比阿洛加更凶险。这条蛇的脑袋只差一只胳膊的距离就可以攀住他头上的树枝，它一旦爬过来，只需一口就可以咬碎他史密斯的头！史密斯不敢怠慢，更不敢告诉阿洛加上面的危险，若是那样，阿洛加略一分神，豹子会冲上一步咬住他的腿把他拖下去！他急忙上攀，选择一个有利的地方，待蛇头再往前一探，那时它的身子多半悬在空中，他奋力一剑，对准蛇的七寸攻击，说不定会把这家伙击落。然而，他能刺到蟒蛇，却没法找到理想的树杈来稳定自己，于是，只好一手抓住树枝一手握剑，准备那最佳的一击。

蛇头在空中越摆，离史密斯越近，机会来了，那脑袋向上一冲，接着下落准备再度昂起以求前伸，也就在这一瞬间，史密斯刷地一剑，猛砍在蛇的七寸处，那蟒蛇皮太厚了，这一剑，只砍破了一点皮，有污血珠缓缓地渗了出来，那蛇毕竟身子悬空大半，这一击，也有几十公斤的力量，它再也控制不住自己，只听“呼啦啦”一阵响声，把阿洛加和脚下的豹子都吓了一跳，大蛇裹着一些断枝败叶，重重地摔到了地上，而史密斯也因这一击身子失重，从树上摔下悬崖！

从连声响亮中回过神儿来，阿洛加发现不见了史密斯，他往脚下一瞅，那只豹子反应真是敏捷无比，在循声往下看的同时，它已判断准确几天的美餐来了，从树上往下纵身一跃，就在大蛇身子摔在地上的那一刹那，豹子的利齿已咬住了蛇的头，而这时豹子衔住蛇头的同时，往橡树另一侧那么一绕，机智地躲在了树后，随着风声响处，蛇硕大的尾巴已高高扬起，拼命一抽，这一抽，若是抽中豹子，那么它必然粉身碎骨，可豹子依靠了树的掩护，让它结实地抽在了树上，蛇骨受挫，已经没多少威力了，豹子好像并不一定要选择吃树上的人，它在咬碎蛇头后又迅速将后爪按住蛇腰，再往七寸处补上一口，差点将蛇咬成两截……蛇全身松开，不能动了，豹子满意地舔舔胡须上的血污，拖起死蛇钻进了树丛。

阿洛加瘫了似的从树上滑下，往悬崖下一看，啊，史密斯并没摔下去，他是被一圈老枯藤兜住，悬在半空中！

“史密斯，别动，危险已解除了，我来救你。”阿洛加毫不犹豫地脱下上衣和裤子，用利剑把它们裁成一条条的，再接到一起，一端固定在老树上，另一端扔给史密斯：“你赶紧抓住它们爬上来吧，伙计，这回我更无牵无挂，连衣服都没了。”

史密斯死里逃生，见到了救命的“绳索”，但是他无能为力，因为他一条胳膊骨折，哪有力气抓住绳子攀上悬崖呀。阿洛加就鼓励对方用另一只手把绳拴牢，由他试试，能不能拔上来。

阿洛加开始艰难地用力。史密斯差不多抵得上他一个半的重量,他的手勒破了,血把布条儿染得花里胡哨,费了大约15分钟,终于把史密斯救了上来。

史密斯躺在草地上大口地喘:“我们的决斗并没结束,你赶快动手杀掉我吧,伙计。”

“你看我还有拿剑的力量吗?”阿洛加把早晨吃的东西都呕吐出来,“你回去得减肥,再这样下去,下次没人能拽动你。”

“不想杀我了?”史密斯叹了口气,“难道你不打算夺回大峡谷?”

“不。永远也不。”阿洛加说,通过今天与豹子蟒蛇的遭遇,他把人生真是看透了,钱财的确是身外之物呀。再说,父辈的恩怨不应当转到下一代去消化。所以这大峡谷,他准备忘掉。古老的中国有这样的谚语,叫做“好汉不吃分家粮,好女不穿陪嫁衣”说的是人要自力更生,他不再想父亲的什么财产啦。“何况你是这样好的一个人,我杀了你,怎么敢去见上帝呀。”

“好兄弟,你到我家里来吧,我有你这样的朋友,它的价值超过了100条大峡谷。”史密斯说着,感到眼前人影一闪,他慌忙喊:“胡安,不要开枪,我和阿洛加已经是最好的朋友了。”

胡安领着一些人从树丛中钻出来,这些人不光有史密斯的人,也有阿洛加的朋友。

“我们谁也不会开枪,主人,”胡安恭恭敬敬地说,“刚才的一切我们都看到听到了,像你们这样高尚的人,谁杀了他,怎么敢去见上帝呀。可是你们不知道,主人,如果不是你们的行为感动了大家,结局就不会是这样了,卡托菲镇长已经花巨款买通了我们所有的人,他要求就是无论谁胜,绝不留下活口。”

“卡托菲?他为什么要这样阴险?”这回轮到一对老冤家新朋友诧异了。

“是大峡谷的财富把镇长变成这样的。”胡安说,“您可能不知道,大峡谷地底下有着丰富的金矿，他已经准备跟美国人合伙开发，只有除掉你们俩，他才能圆他的发财梦。卡托菲还承诺，事成后让我当金矿的主管。”

“这坏小子，竟敢出卖民族的矿藏，咱们去乱枪把他打死，根据这儿的法律，许多人杀一个人没有死刑。”阿洛加的朋友们也恨死了卡托菲，他们宁愿坐牢也得除掉这祸害。

“朋友们，你们听我说。”史密斯举起那只伤臂，痛得他皱紧了眉头，“不必去干那蠢事，我们为什么要用自己最痛恨的方式去对付别人呢。不是说善有善报吗，镇长将来会自己垮台的。我只想当众对我的朋友阿洛加宣布，我其实早已经知道了大峡谷的过去，打从我接管它开始，就把它产生的利润逐年替你存入银行，只是我觉得没到交还你的时期，刚才你用你的实际行为证明你是这座山不之无愧的主人，请朋友们共同去我家做个见证。”

老管家胡安泪流满面，他缓缓跪倒在地：“主人，我胡安庆幸没有跟错人……”

临时决定

黄杨县委宣传部长于在声经过组织考核，最近要升任邻县做代县长，他以交接太忙为由，多次谢绝同僚、部属的欢送会，可是，今天市委常委、组织部长张元谨专车前来接他，明早要陪同他到新岗位就任，县委、县政府设盛宴招待张部长兼给于代县长送行，看来，今晚这顿酒是非喝不可了。

宴会开始十分钟，于在声正逐张桌敬酒，向当地的领导、同事依依惜别呢，突然，走进来一个中年汉子，于部长一看，认得呀，这不是十八道沟乡的李乡长吗，十八道沟是全县最偏远的山区，于部长一月前去过那里，就是李乡长陪同到各山沟视察的。他立即迎过去握手。

李乡长不好意思地说："这种时候，我是不该到场的。可是，于部长是去过我们那儿的最高领导，大家时刻惦记着呢。所以，我代表乡亲们来跟您告个别，一是祝贺高升，二是求老部长别忘记十八道沟。"

怎么会呢。县委书记立刻发话，让李乡长挨着于部长坐。于部长说："你们那地方山路真够险的，去的时候，我坐在车里，望着车窗外的万丈深渊，这颗心都提到嗓子眼儿啦，那里的老乡多不容易。可真，孙家沟的孙大爷还健在吧？"于部长想起，他去孙家沟时，见到过那位九十岁的老大爷，于部长主动拉着老汉在柴垛边照了一张相，把老人家激动得浑身发抖。谁知道，回县城的路上，都怪司机随手摆弄相机，不小心把胶卷跑了光，可怜老汉一生中只照过那一回像，还没照成……于部长把这事说了一遍："李乡长，你代我向孙大爷道个歉，我真是失误了，说不定老人家一直在盼呢。"

"道什么歉。"李乡长大大咧咧地说，"孙老汉压根儿也没当回事。"

啊？他堂堂县委宣传部长，总在县电视露面的角色，跟一个老农照相，他会不当回事？李部长有些吃惊。

"于部长误会了。不是他不尊重您。他是不相信您当真肯跟他照相。您一走，我亲耳听老爷子说，于部长那么大的官儿，跟我糟老头子照相？笑话。瞅我这身穿戴，丢死他的人啦。那机器肯定是假的。部长是哄我开心呢。"

于部长的脸色刷地变了。他站起身来，对张部长和当地领导说："老部长，各位领导，真是对不起了，我想请个假……现在离天亮还有十小时，我想连夜去十八道沟，给那位老大爷补照一张相，绝对不能让老人家带着遗憾离开这个世界。"

这都哪跟哪呀。为了一个普通老头儿，竟不顾这么多领导同事的盛情？县长知道于部长办事认死理，老于若是当真罢了宴。张部长面子上也过不去呀。他狠狠地瞪了李乡长一眼：就你多事。

"这……"张部长说，"改日再补不成吗？"

"没有改日啦，老领导。"于部长沉痛地说，"老人家那年龄……没想到事情是这么个结果，说明我不懂得老百姓，不懂得'百姓无小事'这道理。我必须去对老人家说明白，这次带上个一次性成像的机器，让大爷当场就看到照片。"

"外面下着大雨，那条山路多危险，老于，你别冒那个险了。"县长婉言劝阻。

“那里的村民们成年累月地走,险不险？就因为我是个官儿,比他们值钱？老领导,我连一位老人都没关心到,明天,怎么能面对几十万人民?”于部长表情沉重地说,“我不坐公家的车,自己打出租,只有这样,才显得出我是真心……”

张部长一愣,马上站起来鼓掌。他手一挥:“好一个于在声！我代表市委、市政府谢谢你。来,咱俩共同敬当地领导一杯酒,然后,我陪你连夜去跟老人照相。打车的钱,也算我一份。”他激动地握住于在声的手:“老弟,你给我上了一课啊,我们共产党人,在任何大喜大悲面前,都不该忘记人民……”

遗　产

哥四个我大，我说了算。去年春节我们悄悄决议，明年有俩要毕业，春节就不回来了，攒到暑假一起聚，期间还能勤工俭学，赚一个是一个吧。跟爸请示，爸说："我看行。做点正经的，锻炼锻炼。"爸难啊，试问谁能一个人同时供得了四名大学生！妈去世好几年了，是我们连累得爸至今未敢再娶。一个县委书记打独身，我们不该知足吗？我说，就是都想爸。爸的目光慈爱地抚摸了我们四个的脸，好几遍。爸最后说："心里有，比什么都强啊。一年半，眨眼的工夫。"

我们都是爸资助的贫困山区的孤儿，跟他没血缘关系。哥几个受爸天大的恩惠，恨不得一朝一夕就毕业，帮他减轻经济负担。可四个人将来或者要搞商业管理，或者盼望能掌握一门技术，就是没人肯继承爸的衣钵考虑从政。当官多累呀，弄得没白带黑的。爸听到这说法，笑笑："人各有志。不过，公仆也得有人当呀，我总希望你们有愿意为百姓做点事的。"

暑假寒假期间，我找了好几份家教拼命赚钱。我有了钱，爸就少操心，他那钱也不是大风刮的。大三时，我还有了女朋友，我俩商量，共同攒下点路费，毕业时，带她去拜见公爹，让他老人家看看，这媳妇儿够不够格。

可就在春节前五六天的工夫，突然接到爸的电话：“你通知他几个都回来吧，我恐怕要玩儿完了。”我大吃一惊，爸体格挺好的，平时又尽量躲避酒场，怎么说病就病了，并且讲得那么吓人。是不是他要退二线了，情绪悲观才渴望见到我们？不管如何，他想我们，我们就应当去膝前承欢，他是我们的救星！

我带着女朋友飞星赶月地往市医院奔。我估计爸就算真病了，也绝不可能很重。县委书记，再贫困的县，那也叫一把手，出国不现实，去省城去北京治疗，顺理成章。一路上，我给女朋友反复讲爸的一些往事，强调爸是个好官，是他供我们四个大学生，还不算零星帮助其他人的。爸总教导我们反哺社会，为国家为人民多做些事。

谁也没想到，从杭州刚赶到市里，我接到爸秘书的电话，让我直接到县殡仪馆，爸已经不在了！这消息如同晴天霹雳，把我震个半昏：肯定是车祸，否则，爸不会死！

爸没出车祸。他死于急性肝昏迷。我的俩弟一妹已经一身孝服跪在灵堂里了。让我吃惊的是，爸的遗体居然没停放在贵宾间！这个县还有谁配！我哽噎地质问秘书，缺钱了我哥几个集资，咋让爸走得如此寒酸？秘书说，这不是钱的事，你爸有遗嘱，谁忍心违背这样一位好领导的遗愿呢。

我的女朋友善解人意地跪在爸的灵前。她说，她平时最讨厌下跪，什么礼节呀这是。可如今她跪了，跪得实心实意。她说，可惜没有叫声爸给他听。这爸真伟大呀，县委书记最后一站，住普通间，中国还有多少？

送走了爸，秘书和县委办公室主任把我们四个聚到一起，交付他老人家的遗嘱。爸在磁带里说，他的所有遗产都留给我们。来不及算了，根据毕业年限的多少，希望当老大的能合理分配。爸说，请原谅他没事先通知，他没想到自己这么不顶用，临死了，想儿女们，一个也没见到。但他是多么的爱我们呀，想想自己是个不合格的父亲，言而无信，当初承诺过要供完我们学业的，最后，却失了信……爸还说，他最内疚的是愧对山区老百姓，调过来五年了，这儿还是贫困县。

我几个哭得地裂山崩！爸呀，您还检讨什么呀，知道这样，我们不念这大学了，也要陪伴您。我心里也隐约地核计，全部遗产，会是多少呢？

几位领导把爸所有的遗物连同组织补助的丧葬费的剩余部分当众交给了我。我宛如是在梦中：遗物不算，爸的全部现金总共是一万七千零一十四元五角！秘书说，书记实在是太俭朴了，治病时，他说先在市医院观察一下，假如直接奔北京，说不定是另一种结果……为了给子女省点钱，他严令不许停放在高间。连一个交警队长都可以做到的呀，他不。秘书说，书记的事在全县震撼极大，有两个乡镇领导主动交代了自己贪污受贿的问题。他们说，再匿下去，就没勇气活着了。

我的汗腾地出来了。我还怀疑爸捞外快，我还好奇他留下了多少钱！那一刻，我们五个（包括我女朋友）突然改了主意，经什么商，学什么技术？如果有可能，考公务员。爸说过，公仆也得有人当。爸希望我们为老百姓做点事嘛。我们肯定能当好，爸给我们留下了一笔丰厚的遗产，那遗产就是一种公仆精神！

古洞除夕宴

这里是一处很深的山洞。滴水成冰的冬季，洞的最内端潮是潮了些，然而暖和得可以只穿单衣，不过，三个男人此刻却宁可守在冰冷的洞口，六只眼睛盯着洞口外的蓝天发呆，随着夕阳落下，洞口的光线最后完全暗下来，三颗心也像洞壁的岩石，变得越来越冷。

三个男人是三名抗联战士，从入秋开始，他们脱离了部队，成为三名孤独的人。事情是这样的：抗联部队与日本侵略者浴血奋战，由于武器装备等诸多因素，被凶恶的敌人逼进茫茫林海继续着抵抗，打这种放几枪就跑的游击战，一旦有人负了重伤，假如让战友们抬着伤员在密林中奔跑，与敌遭遇时，不但减弱战斗力，而且会招致更大的伤亡。于是战士们自发地形成了一条不成文的军规：无论哪个受了重伤，一定自我了断，那也就算抗战到底了，决不当俘虏或者拖累大部队！这年秋天，赵秋分和李驴子两人负了伤，这伤比轻伤重，比重伤轻，赵秋分被打穿右肩胛骨，李驴子被打烂了左腿肚子，没有生命危险，却无法跟着部队每天进行上百里的奔跑！连长高大明选中了这座古洞，下达给文书刘忠信一个任务："你会唱小调，又懂得些医道，就留下护理两位养伤。闲了唱歌帮他俩解闷，可能对养伤有好处。他俩可是咱全团的神枪手,帮他俩早点养好伤,就等于是你亲手消灭了鬼子……你酌量着办。”连长说,咱中国人最看重的是过大年,再有93天就是大年除夕,那时我活着,我来;我牺牲了,咱连哪怕只剩下一个人,他也一定带上最好吃最好喝的,来跟你们一块过年守岁,就赶在日头磕山之前。你们安心坚守在这儿等吧,我打算过完年就带你们归队。连长说罢,带着队伍离开了。

刘忠信安顿好两个伤号,夜以继日,往洞里划拉干草、干柴,捡回核桃和野果,准备一种叫做“马粪包”的菌茹用来止血、治伤,三个人熬过冬天的质量完全取决于他的努力。然而,这里冬来得飞快,没几天,大雪封山。怕给鬼子发现脚印,此时不能出去,小刘就带着伤员在洞里养伤,每天垫着石头砸核桃仁,就着枯树叶充饥。伤员一天各分10粒核桃,小刘6粒。这点东西落到肚里,不但不饱,反而更勾起了饥饿感,但三个男人咬牙忍着,拼命嚼树叶。连长到底能不能带他们走,得看伤员的康复状况,所以得打好熬到冰雪融化的谱,必须算计着分配。

饿得浑身无力的三名战士,就像嗷嗷待哺的婴儿盼娘那样,渴望着连长马上出现。这三个自称“男人”、年龄相仿的小兵,加起来刚好50岁,其实都是孩子呀。连长说了,日头磕山前,给他们带最好吃最好喝的,连长从来吐口吐沫就是钉,现在日头早落了,他怎么还不来呀?

不可能记错了日子。战士们早拣下几块尖锐的石头,每天睁开眼头件事,就是共同在洞壁上划一根道道,表示又开始了一天。这些道道被反复地查验,到今天不多不少,93天!是大年三十除夕。天都黑透了,连长他怎么还不出现呢?

小刘最小,却是领导。他咬了咬牙,决定,今天过年,核桃加两倍,老早砸出来,就摆在三块光滑的小石板上,大伙瞅着核桃仁儿想连长。天黑了,一种恐怖感揪住了三颗稚嫩又老练的心,连长他该不会……那全连不可能打光吧……然而,看星星,已经快到夜半,这工夫在家里,应当去十字路口烧纸接神了,可洞外依然一点声响也没有。

三个大男孩抱在一起哭了。队伍凶多吉少!他们可怎么办?冲下山去报仇?赤手空拳拿什么报?分手时,再三要求留下颗手榴弹,关键时宁可与敌人同归于尽,也不当俘虏。可连长坚决不舍得,更别说枪了,许多战士连土炮都没摸过呢。

哭了半天,刘忠信站起来,命令:“李驴子、赵秋分,战士流血不流泪,咱们现在过年。”三个小鬼破例在洞内点起火堆。整个冬季他们不敢点火,担心鬼子的狼狗嗅到烟味儿,说不定会寻了来。大家围坐在火堆前,吃一粒核桃,祝新年胜利,回忆一位战士的名字,提一个明年的行动方案。队伍打没了,还有这三粒种子哩。战士们在密林中生活,都懂得看星辰确定时间,现在是“五更分二年”的子时了,他们站起来,相互握手拜年:“咱仨还活着,活着就是胜利!”

突然,李驴子竖起耳朵,刘忠信和赵秋分也激动起来,他们听到了一声鸟叫:“光棍夺锄!”这是连长定下的联络信号,这么正宗的鸟叫只有连长才学得出!战士们立刻以当地的鸟叫声回应:“阴天打酒喝喝!”片刻,奇迹出现了,连长穿着掉光了棉絮的破袄,出现在洞口!洞里的战士立刻无声地扑上去,他们过分激动,喉咙已发不出声音……

“我失信了,小兔崽子们。”连长就习惯这么骂着称呼这些小兵,“前天端了个警察窝,寻思过个肥实年,哪想到,所里掺着两个鬼子咧,好歹毒啊,打到最后,浇上汽油把自己烧了,也不缴械,所有吃的都烧毁了。不过,还弄了几支好枪和子弹,专留着驴子和秋分去使唤呢。”连长说,增援的鬼子闻讯往这边赶,怕留下足迹,他们只好绕道钻入山林,远远地把鬼子甩丢了,他这才急着来赶这个年,绕了好大的圈子,所以误了约定的时间。

连长平安,这是天大的喜事。年明明已过去了,可山洞里却有四个战士,刚坐下来开始过年。连长抓了一把黄泥,把标注除夕那天的划痕糊上:

“现在仍旧是大年三十，同志们就座。”他从贴身处掏出一只油布包，刚展开，就听到三名留守战士一声惊喜的欢叫：“馋死人啦！”尽管眼里差点伸出小手来，可连长不下令，谁也没好意思动。连长又解下一只军用水壶：“瞧，这就是那一仗缴获的日本货，里面是专给咱过年喝的，省着点儿，喝大了可误事啊。”他把壶盖拧下来，小心翼翼地斟满一瓶盖，把手伸到赵秋分嘴前，让他舔了舔溢在上面的几滴，赵秋分一下子陶醉过去，幸福地眯上了双眼，真香死个人啊。

连长提议，就这一个“酒盅”，没法共同干杯，咱行个令怎么样？大伙说好。

“那就替自己许个吉祥的愿吧，说完了，才准许喝酒，吃东西。李驴子先来。”

为显示伤好得快，李驴子他没有像往常那样扶着洞壁，就那么艰难地站起来，努力保持着平衡，向前走了十几个正步。虽然疼得脑袋上冒汗了，可脸上还是笑着：“怎么样？新一年开始，老天爷保佑我能跟着连长归队，大家扶几步，我自己走几步。平时行军保证落不下，万一跟敌军遭遇，正好将就材料，我留下掩护撤退，用鬼子的枪支弹药杀鬼子那才过瘾。您发给多少子弹，我保证一粒也不浪费。”

李驴子说完，大伙拍巴掌。小伙子抓起一点美食填在嘴里，“嘎嘣嘎嘣”地嚼，又接过连长递过来的壶盖，那么一小点一小点地抿……抿完了，还伸舌头在壶盖里旋了一周，才把“酒盅”递还连长，“太舒坦了。我还要再许一个愿，不奖吃喝的也行。”

“你干什么！”小刘瞪他一眼，“有的是工夫，得让下一个了，光你急是不是。”

连长又斟满一盅酒，这回把手伸给小刘舔几下：“刘忠信是领导，先让战士做得对，该赵秋分的啦。”

赵秋分脸色苍白,腿可没毛病啊。他立正站起来:“新的一年开始,我一好百好。这一冬,我天天端着木棍练习瞄准,左撇子照样百发百中。老天爷保佑我跟着连长归队,我不像他李驴子,我可以跑,肩膀也快好了。连长,我给您敬个礼试试。”赵秋分抬起右臂,努力往上,顶多也只抬到三分之一高度,那礼敬得滑稽,简直像要用指尖去戳脑门儿……可同志们仍然拼命鼓掌!赵秋分仿佛考试过了关,迫不及待捏起一点美食填在嘴里,又接过连长递来的酒,比李驴子抿得还仔细。

轮到刘忠信了,他觉得自己好歹领导一回,把许愿的机会让给方才被打断的李驴子。李驴子憧憬地说,打败了日本鬼子,我盼望天天有这样好吃好喝的,活到35岁就知足了……

连长是条硬汉子,可现在,他强忍着不让泪水溢出来:“小刘,该你的啦。”

小刘说,新的一年开始,他要坚决打败日本鬼子,然后,找一盘磨,弄一桶包米粒子,推成极细的面,熬一大缸糊糊,大伙想喝吗?

好家伙,这回热闹起来了。赵秋分抢先表示要喝五碗,李驴子说,你喝五碗,我喝一盆!刘忠信说,那好,你们剩下的,都在缸里呢,全我跟连长俩包了!

喝了三轮酒,吃了三轮美食,意念中记不清喝了几遍玉米糊糊,一缕阳光灿烂地照在了洞壁上。连长说,按照咱山洞的时辰,现在该是接神了,咱不接财神喜神福神,咱接胜利之神。没鞭炮咋办呢?胜利之神喜欢听掌声,咱把掌声错开拍,不就像鞭炮了吗?几位小鬼都说连长的办法真妙啊,巴掌错开拍,可不就成了胜利的鞭炮……同志们边拍边说,再给小日本许个愿吧,愿他们早一天滚回鳖窝里去……

太阳升得老高。油布包空了,酒壶也空了……连长郑重地走过去,把几小时前由他亲手糊住划痕的黄泥刮掉,并宣布,新的一年开始了,小日本又离灭亡走近了一步!

公元1945年2月13日,距小日本无条件投降,满打满算只剩下183天,在长白山山区的一座古洞里,四名抗联战士度过了世上最寒酸的春节,他们走了世上最难看的正步,敬了世上最不标准的军礼,他们享受的美食是什么？是掺杂着汽油味的烧焦的包米粒儿;他们饮用的“酒”是什么？是半壶淡淡的盐水！战士至少半年没沾到盐味了,据说,馋急了舔身上出的汗,那汗水也一点咸滋味也没有啊……

不该忘记那只喜鹊

他一下子愣在了那里：真是奇才呀，达到此种境界，这要付出多大的智慧与耐心。

鬼使神差，他突发奇想要早起独自到公园里走走。于是连司机也没惊动，独步踱到了这里，便见到了眼前的一幕。

那位其貌不扬的驯鸟人肩头蹲着一只羽翼丰满的喜鹊。据说，也就四个月大小，尾巴一翘一翘的，似是在掌握平衡。待主人一个信号发出去，它便腾空飞起，与此同时，主人手一扬，把右掌中握着十余粒手指肚大小的玻璃球儿抛在地上滴溜溜乱滚。驯鸟人对鸟儿吩咐："宝贝儿，叼回来。"那喜鹊一下子明白了主人的指令，飞过去，落下。对于它，球儿实在不算小，它得极大限度地张开嘴，方能衔住衔稳，然后，叼着飞回主人掌心，把猎物放下，仰脸盯着主人看。

主人说："再叼。"

鸟儿便重复上次的动作。片刻，十几只玻璃球完璧归赵，喜鹊复又去主人肩头站了站，突然扑地一声飞向高空，打了个旋儿，顷刻不见了踪影。

围观的不下百十人。有人担心地问："不会飞丢了吧？"

“它还会回来？出笼的鸟儿呀。”

驯鸟人笑笑：“怎么会呢。我买回家驯养了三个多月了，它认识主人呢。除非是遇上了老鹰。”说罢，抬头起身，朝空中打了个响亮的唿哨，也不知道喜鹊从哪儿冒出，一个猛子，就降落回主人的肩头上了。

走出20多步，他越想越感到离奇。那仅仅是个民间驯鸟人呢，非马戏团的专业人员可比，哪来的那么高的智慧。他又想起了那喜鹊，按比例，好比人扛一袋子米了吧，十几枚玻璃球反复衔回，付出应当不少，它怎么那样听话？为什么他辖下的老百姓总是隔三差五给政府出难题，如果学习一下喜鹊这种任劳任怨的精神，该多理想。

求知欲驱使他急匆匆地返回。

喜鹊再次被主人驱赶着飞到空中，打了个旋儿，落地，依旧衔回玻璃球儿，放下，再衔…

他蓦地发现，喜鹊在放下玻璃球与再次飞起之间有个极迅速的小动作，它是把地下一块暗黄色的东西叨起来，吞咽下去，然后才飞起的。于是更细地观察，果然，那喜鹊每完成一次劳动，就去地上或主人掌心叨一粒什么东西咽下去。

干干净净的石板路上，哪来的东西吃呢？

终于忍不住发问：“它吃的是什么？”

“虫。”鸟主人抬起头来，“是我喂给它的。”说着，左手指一漏，这回他看清楚了，驯鸟人左手一直握着只火柴盒大小的竹笼，竹笼上有机关，可能每按动一次，便从中掉出一只虫来。只不过动作太熟练，他身为外行，没发现而已。

心陡地一收缩。他再问：“你每次都喂它虫吃吗？”

“那是必须的呀。差一次也不行。吃不到虫，它就落我肩膀上等候，类似罢工静坐请愿什么的吧。”鸟主人很得意地炫耀，“驯养的前提，就是引诱。不冲着这好处,它怎么可能一遍遍地任你驱使?‘人为财死,鸟为食亡’,有数的。”

他霎时如醍醐灌顶!

这次会议结束,他回去首件事,就是把那几十幅字画全交到了纪委。

他可以说是个清官,沾钱的事,绝对不伸手。唯一的爱好,就是书画,简直达到痴迷的境界了。于是,比较知己的朋友便投其所好,送他的这些当然全是稀世珍品。他曾多次自我安慰,都是好朋友,与行贿无关的。何况书画是他的命,他永远不舍得出售,这不换钱的东西,是高雅人之间的感情交流,怎么可以算作受贿呢。看到喜鹊那一刻,他大彻大悟:假如他是乞丐或者平民,这字画会有人送吗?哪怕是骨肉至亲。凡事都有个“为”,虽然当时不提回报,可被感动来感动去,他最终还是得拿什么去回报对方的吧,人是感情动物呀。

在全县干部大会上,他不无惭愧地讲了喜鹊的故事,并阐明自己观点:从今往后,他与书画绝缘了。请赠送礼物的朋友,别把他当成那只喜鹊。“我是公仆。假如接受了哪个的馈赠,我迟早会成为某些人的私仆。不想陷我当私仆的朋友,望好自为之。”

三年后,他驱车到某山区调研,此时,他已经当上了市委书记。微服经过一个鸟市,书记突然发现笼子里关着一只待售的小喜鹊。他立即想起当年公园的场景,马上掏出钱,交代秘书:“那可能是我恩人的后裔。你去把它买下,放归大自然吧。”顿了顿,他又似乎自言自语:“它本来是自然界的精灵,完全可以自食其力,无忧无虑地生存,是谁一定要挖空心思,把它驯养成奴才了呢?”

接穷神奇遇

大年三十一早，于进财就来到厂长吴老怪家，要求去厂部值班，而且初一到初三一连三天，都他一个人情愿承担，日夜连轴转，不用换人。这一下可把吴老怪喜得忘了姥姥家姓什么，厂子一年多发不出工资，春节值班派谁谁不爱去，他几乎就要亲自出马了，那样的话，耽误打多少麻将！更何况，老于提出值班是白尽义务。吴老怪十分爽快地答应，并且按对方要求写了“年三十到初三均由于进财当值”的值日表让老于拿到警卫室贴去。

在年三十晚上，于进财告别妻子，进驻厂部警卫室。说实在的，这老破厂子，早晚要黄铺的啦，根本没什么可丢的，节日值班不过是走形式而已。老于象征性地在院子里巡视一圈，先体验一次真正当权的感觉，然后，关上大铁门，回屋里捅旺火炉，拿出在家里带的散白酒和两样菜肴，摆在油渍渍的小桌上，独自喝了起来。一个人喝酒，他好不习惯，酒是越喝越辣嗓子；打开那台黑白电视机，里面正转播春节联欢节目，可是，他看不下去，因为尽是些合家团圆幸福如意的词儿，而他于进财却要抛妻离子来这儿当更夫，电视台分明是说假话或者是讽刺他这号落魄工人的！

老伙计心里不是滋味，索性闭了电视，披上大衣，就那么在院子里走，一会儿高兴,这大院老子头一次当上了真正的主人;一会儿烦恼,别人团圆我老于却骨肉分离!

外面的鞭炮声一阵接一阵,是煮年饺子接财神的时候了。他于进财的饺子白天就煮好带了来。接财神?我接他妈个鬼。老于突然想到老人讲过一个接穷神的故事。对呀,到了这种地步,干脆接个穷神算了。

于进财心里一想,嘿嘿笑出声来。他在小警卫室里搜到几张报纸,打开铁门,找了个光滑的地方,将报纸当纸钱点燃,趴在地上叩了三个头,无师自通地对夜空里祷告:“穷神爷爷,大年除夕,您一个好不孤单,我接您来过年,陪您喝酒怎么样呀?”祷告完,把厂长给他的一挂鞭炮点着了,在炮声里喊:“穷神临门,厂子倒闭,老板发财,工人没戏。大吉大利!”

接穷神的恶作剧结束,于进财刚想关上门回去睡觉,忽然发现路上徘徊着一个衣着单薄的人。什么人不回家过年,在这里做什么?穷神?那是不存在的。于进财一笑。难道也是跟我一样,有家不能归的?管他呢,我何不问问,邀他来做个伴儿吃酒也比一个人苦熬强哇。

老于又打开铁门,招呼了声:“先生,您不是本地人吧?”

那人犹豫了一刹,走过来:“老哥,过年好。”

“过年好。我说你怎么不回家?”

“咳。我有家回不去了。”

那人说自己是外地到这边办公事的,任务没完,回不了家。今晚上一个人憋闷,出去散步,时间太久了,待回到招待所,竟然敲不开门,想必是值班的脱岗回家,他只好等一会儿再回去撞运气了。

听了这话,于进财拍起巴掌:“撞什么运气?在哪不是过年?我他妈的接神,老天给送来了先生您,干脆连神带人一块接。看来您也跟我一样,是无职无权受气的阶级,咱进院借酒浇愁怎么样?”

“那太麻烦您了。”

“客气个啥，谁叫咱都是倒霉一族的。”于进财从来没有过这样孤独的经历，他特别渴望有个人陪他，不由分说，将客人拉进了小警卫室。

就一个茶缸子，咕嘟嘟倒进多半瓶酒，两人你一口，我一口地喝起来。客人40来岁的光景，自称姓吴，说话很随和。

他问：“您刚才接什么神呀？”

“穷神。”

“有意思，怎么接这种神？”

“名副其实。我都穷掉底儿啦，接别的不对口哇，我又不是政府官员，光知道唱喜歌儿糊弄上级。”

客人的脸色立时就严肃起来：“可不，这政府官员就不是东西。师傅怎么称呼？”

“姓于，现在叫于进财，过了年就改叫于家败！我他妈的混到这程度上，空占着个进财的名字白浪费资源了。”

“于师傅说话好风趣呀。反正咱没外人，有什么苦恼说出来，发泄发泄也是好的。”

老于叹了口气：“按说，大过年的，应当说点吉利话。可我今年偏对丧气话感兴趣。您说，我凭什么要来这儿打更值班？别说破厂子没的丢，就是丢光了关我什么事？”

“也不能这么说，咱们不是主人翁嘛。”

“狗屁！都要饿死了还主人翁。”

于进财说，他们厂子效益太差，一年多来停产，要报破产，实际上是主管单位甩包袱。可工人们要吃饭的事没人管。厂长可肥了，借破产之名，可以大发其财，这里面的道道多着呢，比方作价，厂子本来值100万，厂长是法人代表，他可以说成20万转包给别人，其实厂长本人就是地下股东，这不等于发厂难财一样？一人发财万人穷，可怜工人只好靠每月百十元救济金过日子，他于进财夫妻俩都在这个厂子，两百元还得供儿子上初中，这日子怎么过？

怎么过？平常还能对付，最怕过年。他连襟三个，每年事先约好，初一到初三轮流串门，最后到丈母娘家拜年。大连襟是干部，钱冲，最喜欢张罗这事；而三连襟跟他一样，两口子待业下岗，困难自不必说。可老三偏偏能充好家伙。早早地告诉老于，初一到大连襟家会。于进财两口子一商量，儿子开学学费还没着落呢，拿什么串门？光是小孩子的压岁钱都给不起。真是过年如过关呀。琢磨来琢磨去，老于眼珠一转，办法有了：打更去，就说厂长硬派的。值班表一贴，我离不开身呀。所以才有了这么个妻离子散的倒霉年。

于进财这么一说，客人的眼圈也红了："真不易呀。可是，老于师傅，您说的好像不对，我在这儿常驻，对你们县的情况知道一些。听说去年新来的县委书记老邹制定了新政策，凡是工人待岗的，每人生活补助按月280元发给，县财政给补贴的呀。"

"事儿是有。可当官的颁布好政策，都是给自己脸上贴金，为他日后往上爬布台阶，哪里关心工人的死活？"于进财愤愤地说，"我们厂长有更歹毒的办法对付你。他讲，厂子这么穷，还得给工人交这保险那保险，社会救济款得扣除180元，否则，请自己把档案拿走，社会主义的工厂也不是养大爷的。咱穷工人哪有本事和胆量把档案取走哇，只好任他扣。"

"哦，是这么回事，大千世界，真是无奇不有。"客人若有所思地自语。他喝进一大口酒，说："于师傅，我好久没这么痛快过了，你这酒味道真不错。明天起，告诉你爱人，明晚上就不用给你送啥吃的，我带菜来回请你，咱哥俩喝你这散装酒，吃我的菜，如何呀？"于进财巴不得有个人这么敬重他，满心欢喜地答应下来："你这老伙计，文绉绉的呢，老婆就是，还整啥爱人？嘁。"

果然，第二天晚上，那客人带着一些熟食，早早地会于进财来了，老于盼得嗓子冒烟，俩人坐下就喝，天南海北瞎侃一阵，就扯到本地一些腐败现象上来。老于这人心细，看到的，一股脑地抖落，对方想插嘴都费事，他好容易找了个倒苦水的对象，就跟遇上了中央特派员一样。从初一到初三，这老吴每晚都带了菜，陪于进财值班，俩人真是相见恨晚，成了无话不谈的好友。于进财回家的时候，从妻子那里打听到三连襟的消息，对方原来也跟老于一样，拜不起这个年，想来想去，通过他医院的一位朋友，假装生病住上了免费医院，见天打生理盐水！听得老吴两眼发直，老于似乎受到了鼓舞，话越说越多……

初三晚上，不到半夜，那老吴说是有点要事，恋恋不舍地告辞了，扔下个老于空落落地盯着墙发呆。猛然，他发现老吴忘记在炕上的一张报纸，拾起来，里面掉出个厚厚的信封，封面写着：于进财师傅启。打开，嗬，里面装着50张百元大票！还有一张便条："进财兄弟：一点小意思，感谢你陪我过了个终生难忘的好年。"

这么多钱，于进财从未见过，他觉得，单凭一面之缘，而且几天来一直吃人家的菜，再收人家这么多钱，那也太丢工人阶级的脸。可是，他几乎把小县城的旅店都打听遍了，也没找到这么个姓吴的旅客，也只好作罢。

于进财这个年过的，真可以说是悲喜交加，虽然恼到接穷神的地步，但遇上了那么好个知音，尽管他不敢花对方不明不白的钱，然而那老吴大哥为人仗义绝对没的说。他迟早会来找他这个弟兄的。于进财这么想啊盼啊，不觉过了正月十五。

十五一大早，老于正在跟老婆商量厂子如果破产后，自己干点什么呢，门外车喇叭响。接着，有人敲门，是老吴大哥，他过年值班结识的知音朋友！把个于进财喜得，倒水，让烟，吩咐老婆赶紧弄好吃的。

老吴摇摇手说："我求你帮点忙，不知你能不能抽出身来？"

于进财一拍胸脯："你就算要移植我的器官，我都答应。只是那钱你得收回。”说着,把那只信封拿出来,里面的钱分文未动。

“这你就不是想帮我忙的意思呗。”老吴说,“你对我的帮助,再多的钱也买不到,可惜大哥也不富。咱先把我的忙帮完好不好呀?放心,我绝对不能让你干违法的事。”

于进财晕乎乎地跟老吴坐上一辆拉着窗帘的轿车,三拐两拐,来到了县宾馆。老于想,原来这老吴住在这儿呀,难怪我没打听到他,难怪他那么有钱。眼看着服务员们见了老吴点头哈腰的样子,更判断对方必是个大老板。

老吴把于进财领进一间豪华的会议室。里面坐了好多人,有几个老于知道,是县里的大干部。老吴拉着老于走到顶头的地方,让他挨县长身边坐。听别人称呼,于进财才恍然大悟,这个“老吴”,原来是去年新调来的县委书记邹太和!这下可惹下大乱子,当初喝上点酒,发牢骚,攻击党的政策,还诋毁过这位邹书记!于进财脑袋立刻大了一圈!

没想到邹书记却笑着向领导们介绍:“这位就是我春节结识的朋友于进财老弟。早先我为官,过年都是热热闹闹地给工人农民们团拜,说穿了都是走形式给别人看哪。今年偶然想私访一下,碰上头一个工人兄弟,学到的东西比我前几十年的都多。看来浮在上面是害死人的。”邹书记简要复述了于进财所反映的事,经县委派人查证,一件件都属实。今天,县委举行常委扩大会,专门就这些问题研究对策。

原厂长吴老怪被立案侦查,后来被提起公诉;这个厂子换上由工人们选举的新领导,在县委、县政府的扶持下,很快走出低谷,恢复了生机。县委以吴老怪的犯罪手段为参照,在全县进行深入的调查,又挖出了一批腐败分子……

于进财没有当上领导,他自己说不是那个材料。可是,为报答邹书记对他的知遇之恩,他业余时间,专门打听民间的不合理现象,及时反映给邹太和。喝上点酒,他也吹:“连县委书记都听我的!”

认狼为娘

故事发生在上世纪四十年代的长白山地区。

日本人占领了这座小县城后，开始还装出一番仁义的样子，宣传、鼓动了一阵子“大东亚共荣”，后来，吃了几次抗日联军的亏，就撕破面纱，凶相毕露：先是把外地的居民强行迁入县城，以树木围高栅栏圈住，隔断抗联物资、信息的来源；紧接着，又在全城内大量捕杀有“通匪”嫌疑的人。

锁柱的父亲是出名的猎手，经常出入山林，“通匪”嫌疑最大，被日本人抓去活活喂了狼狗。锁柱娘生得有几分姿色，被十几个日本人当着小锁柱的面，糟蹋致死！一家人只剩下个瘸了一条腿的小铁柱。日本军官山田少佐不知出于什么心态，吩咐把这个残疾少年弄到军营里打杂、做饭。

所谓军营，是在大栅栏一角夹一圈小栅栏，日本人吃了亏以后，改变行动方式，白天分散开来指使伪满官吏、士兵做事，晚上，集中到这里休息，以防被暗杀。

抗联试图拔掉这颗毒钉壮壮士气，可敌人军营里有简易炮楼，轻重武器武装到了牙齿，抗联的武器落后，战斗力太弱，一百杆土炮也不如人家一挺机枪，总共30个日本人，凭借地势、武器的优势，可以抵挡上千人！抗联选择最好时机,攻打了5次,结果白牺牲了不少人,也没达到目的。

那年锁柱14岁,长得枯瘦如柴,眼瞅活不起的样子,到日本军营里虽然尽吃剩饭,可那毕竟是白米饭还有鱼肉啊,比起老百姓吃橡子面、滑石粉,那可是天堂的日子！不到一年,锁柱吃得白胖,个子也长高了许多。只是被母亲的惨死吓出了毛病,精神痴痴的,时好时犯,但他做杂务事从不出差错,尤其是做得一手好饭菜,让山田少佐胃口大开。山田边吃着锁柱做的美味,边问锁柱:“谁的对你的最好?”锁柱就答:“皇军大大的好。”少佐命他在地上爬着学狗叫,锁柱就趴在地上学,学得惟妙惟肖,逗得少佐哈哈大笑,踢他一脚,锁柱就学狗被踢疼的叫声,山田更是被笑倒在地上……锁柱还会学狼叫,叫起来像极了,常把农家的狗吓得滴答尿……

老百姓见了,悄悄说:“完了,世上没有比认贼作父更丢人格的事了,这都是他爹打猎时下手太黑,杀生过多,才受到这样的报应。”

山田得着锁柱儿这么个“活宝”,就时常带着他出入场合,向同事们炫耀他的治华才能;有时还让锁柱亲手做些坏事。锁柱是个没心肺的人,让干什么就干什么。少佐看到锁柱在他的授意下祸害自己的同胞,简直是胜利者无上的享受,因此,少佐渐渐地信任了这个痴呆人,锁柱也享有了很大程度的自由,可以随意出入军营,无人阻拦。

老百姓怎么可能不恨死了锁柱:狗东西,把中国人祖宗的脸都丢尽了！若不是可怜他是个痴呆,早抽空给弄死了！

有一天,锁柱独自在栅栏边玩耍,突然被一个中年汉子拦住。汉子低声问:“锁柱,你不认识我啦?我是你青云叔啊。”

锁柱摇摇头,一脸茫然。

“你这孩子,你父母怎么死的,难道忘记了?你还替日本人做事,丢八辈的先人啊。告诉叔叔,你想不想报仇?只要你听叔叔的,我在三天内就可以替你报爹妈的仇。”

锁柱看了青云叔好一阵，突然眼睛里冒出一股傻气，嘴里高声唱着童谣："山喜鹊，尾巴长，娶了媳妇忘了娘……"走开了。气得那个自称青云叔的把一支毒镖掂了又掂。若不是怕暴露身份坏了大事，他真想结果了这个败类！

阳春三月，痴呆人锁柱去山里弄回稀世山珍"羊肚子蘑"，炒了孝敬山田少佐。傻子走不远的，附近山林里清剿得早没了抗联，少佐也懒得过问。中午时分，锁柱从山里捡羊肚子蘑回来，嘴角挂着涎水，背后还背着两只小狼崽儿。守栅的哨兵懒得跟一个傻子搭话，竟然让他顺利地进了兵营。这天中午，少佐让鲜美无比的"羊肚子蘑"撑得弓不下腰，直夸锁柱："大大的好。明天的，找个花姑娘犒劳你……"

锁柱回到自己睡觉的地方，把两只狼崽抱在怀里搂了好一会儿，小东西没睁眼呢，小嘴四处拱着找奶吃。锁柱眼泪叭嗒嗒乱如雨滴："小狼崽儿啊，我跟你无冤无仇，却要害你。真对不起了。"说罢，抖着双手将小狼崽掐死，悄悄埋在军营当中。

这天下午，痴呆人锁柱犯了病，在军营里边爬边学狗叫、狼叫，逗得鬼子兵可地打滚地乐。天傍黑时，他就光学狼叫了，再后来，锁柱躺在一垛劈柴上假装睡了过去。等天黑透了，他从柴垛爬出栅栏，直奔青云叔家，一进门，锁柱跪倒在地："青云叔，我要跟你走。"

青云叔大吃一惊。这个傻孩子怎么一下子"精"了？跟他谈话，言语思路清晰，于是放了心。"你想为父母报仇了？"锁柱点点头。"那前些日子我找你，为什么不理我？""那是我还信不过你。"

"那好，你只要听我的。你后天夜里，悄悄把栅栏弄出一个豁口，得别让日本人发现，三更天，你悄悄把灶房点着，然后你从那豁口逃出来，我们就趁鬼子救火忙乱时冲进军营……小家伙，上次你要是答应了我，这计划不早完成了？"青云叔抱怨道。

“那我要是让他们看见怎么办？军营里放哨很严的呀。”

“咳,你不会小心点儿吗,怎么偏让他们看见。”青云叔耐心地指导他,如何躲开哨兵,若是当真被发现了,有几种借口可以化险为夷。

锁柱突然哈哈大笑,笑得青云叔脊背发凉。

“还用得着费那么大的事？今天夜里,您就跟战友们看热闹,等着捡枪吧,等着立功吧。那事我自己办了,算做见面礼。我爹说,在山里无论打倒什么猎物,一定要跟路遇的人平分,这是规矩。这次我什么都不要,只要替爹妈报仇。”

锁柱把自己的报仇方法一说,青云叔高兴得不得了,马上通知地下党员开会,原来,小城内的地下党组织规模已经不小了!

与此同时,日本人的军营里已乱成一片。回巢的母狼发现自己的那双小狼崽被抓走,立即在山林中哀呼同类,聚集起数百条野狼,伺天黑,嗅着气味儿寻到日本军营并飞越栅栏,哨兵发现,辨不准是狼是狗,更不知道它们闯进军营来是什么意思,没来得及请示长官,就被野狼咬断了喉咙!

狼的报复性是野兽中最残忍的。锁柱儿在军营内埋掉死狼崽,目的就是激起群狼的仇恨,于是,野狼们撞入宿舍,跟日本兵滚作一团。日本人精于各种战法,却不习惯这种“肉搏”,30多个横行小县城的侵略者,面对比自己还要凶残的野兽,无能为力,不到一个时辰,30多名日本人全部被咬死,军营里面横七竖八倒着狼和鬼子官兵,其状惨不忍睹!

两年后,日本侵略者无条件投降。这地方属于解放区,身为中共县委书记的青云叔和警卫排长锁柱来到野狼袭击日本人的地方,两人亲手培土,堆起了一座坟墓,并立碑纪念。碑文写着:伟大母亲之墓。

这是锁柱的主意。他父亲临被抓走前,嘱咐儿子,忍耐才是胜利。鬼子兵如何害的爹,你就让他们学我的死法。锁柱没有狼狗咬死仇人,只好凭猎人儿子的智慧,将母狼伟大的母爱化为仇恨,借力报了家仇国恨。锁柱为了感谢那个没见过面的母狼，为表达对杀死小狼的内疚之意，情愿认它为母，并发誓从此不吃狼肉和狗肉，这习俗流传开来，直到现在，那地方还有好多村屯的人坚持不吃狗肉。

逃出死人堆

一家4口边吃饭边看电视，爷爷还喜欢喝点慢酒，习惯了，我也不陪他唠叨。新闻中播放了一则疯牛病消息，说是哪国发现了疯牛病，怕蔓延传染，只能把成千上万只牲口归到一块活活烧死……节目一闪即过，我接着往下看，忽听到爷爷喉间有些异样的声响，歪头一看，爷爷哭了，抽抽搭嗒地很伤心。

醉了？我跟媳妇都莫名其妙，老人家喝这点酒不碍的呀。爷爷摇头，我是心疼那牲口，肯定有没病的肯定有小崽子呀，怎么就不分青红皂白活活烧死。

这么回事呀。爷爷七十好几，身体棒着呢，他的绝活就是杀牛宰羊，偌大的一头牛，牵着转半圈，手在角上一掰，腿在下面那么一别，那牛嗵地就倒在地上翻白眼，与此同时，爷爷一只膝盖抵住牛前腿刀子顺便就直插牛心脏，帮忙的接血完全来得及。有人说牛前胸那么厚的皮，怎么可以一刀捅死？爷爷说，你不会。

我还是爷爷的徒弟。他老人家把杀牛当成乐趣，这阵子怎么疼起牲口来了？

爷爷说，我想起了我，想起了咱们旧中国。

爷爷10岁时，住在东北一个矿区，那里地下煤太厚了，扒开土就是。日本人打进来，一看：哟西。就从关内骗来不少劳工挖煤。爷爷就是跟他爸爸给骗来的。爷爷没事了就遛达玩耍，那时有个日本娘们儿也有个孩子叫保久，跟爷爷同岁，俩孩子常常一块玩耍。日本娘们儿挺和善的，常常把糖果分给爷爷点儿。爷爷从来也没感觉出自己跟日本人有什么两样。

这一年冬天，日本孩子保久突然发高烧，马上住进了医院。爷爷就不能找他玩了。矿区工人居住条件极差，开始"瘟大灾"，现时的说法叫"瘟疫"。常常有工人上午还在井下挖煤呢，晚上就不行了。

成为生命主宰的日本人并没能把生病的中国矿工送往医院，而是说，这病传染人，传染开来工人们一个也逃不掉，必须隔离。怎么隔离？命令健康的中国人把生了病的拖出去，那地方叫石人。矿工驻地后面有条大山涧，生病的中国矿工就被扔到了那涧里。日本人说怕传染，派端刺刀的兵警巡逻，连死者亲属也没有接近尸体的权力，后来，这条山涧就被叫做了"万人坑"。

保久病好了，爷爷再也没敢靠近他，因为日本人说中国人有传染病。这样又过了几天，爷爷的爸爸妈妈都染上了病。有病得撑着干活，万一让监工发现就得隔离。爷爷的爸爸终于没能熬住，昏倒在掌子头，日本人就命令给他们当差的中国人把这"传染号"隔离。有人去了爷爷的家，爷爷和他妈妈正躺在炕上发烧，就一块儿给弄到山上扔了。爷爷亲眼看到，他的爸爸就穿着让煤污染得瞧不见棉花本色的破棉袄，被两个工人用绳子套在腋下拖着在雪上走，整天往山涧里扔病人，他们都麻木了！

爷爷醒来时，觉得被人死死搂住，原来是他的爸爸没死，用身体温暖着他免被冻死。爸爸说，你娘走了，我也不行了，崽呀，你得逃，不能这么等。顺着这条山涧往下爬，千万别站起来，日本人有巡逻的呢，到你马大爷家……爷爷扔下了他的爸爸，爬到快天明，才找到马大爷家，靠吃草药活出了一条命，而那条山涧，一冬天下来，都让中国人的尸体填平了……

爷爷再也说不下去："……睡吧，我困了。"

爷爷小屋里一直亮着灯，我每过一小时就看一次的。我知道爷爷的意思，问题的关键不是杀不杀牲口，而是一个国家一个民族切切不能变成牲口。

肠断《渔女图》

大连远郊某个偏僻的小渔村外，这天来了一位年近八旬的老人，他没有进村，直奔村南面的大海边。这时，正退大潮，海水退到了极限，老人走得很远，找到一处特别高的礁石丛，小心翼翼地坐下来，有礁石挡着，就不容易被人发现了。他打开随身提着的包儿，掏出来一些吃的、一根尼龙绳儿，还有一个经过密封的文件袋，文件袋里装着一叠美元和一封遗书，老人喝了一口啤酒，深情地向家乡的方向望了一眼，他想，马上就要离开这个世界了，那么，压在他心头60多年的一块病，也就不存在了。

老人是日本人，叫中村。60年前，他随侵华部队入侵中国，犯下了连他自己也觉得不可饶恕的罪行。这些年来，他一直受着良心的煎熬，今年，他被查出患了绝症，最多有一年的时间，因此，他到中国旅游，然后，化妆离开人群，到这儿来结束自己的残生。他准备用绳子把自己绑在礁石上，涨潮时，海水将漫过他的身体。等下一次再退大潮时，他早被鱼吃得只剩下了一堆骨头。为了减轻自己的罪恶感，老人多年来也曾奔走呼号，控诉当年日军侵华时所犯的罪恶，然而，当政的不是他呀……老人的心碎了，他决心用自杀来向世界表白自己的忏悔之情。

可就在他刚刚选定了一块捆绑自己身体的石头，背后有个小女孩的声音突然响起，吓了他一跳："老爷爷，您在做什么？要涨潮了啊，您得赶快离开。"

中村回头一看，身子不由哆嗦了一下，他面前站着一位漂亮的中国小姑娘，双手背在身后，也就十岁左右的样子，看那白嫩的皮肤，尤其是那双清澈的眼睛，分明是六十年前的海菜！

中村的自杀计划就这样被破坏了。他对女孩说，自己要看风景，他是游泳健将，等海水涨上来，他要给报纸拍个照片，然后再游到岸上去……可是，小女孩特别聪明，根本不买他的账："老爷爷，您肯定哪地方想不开了。是不是有人欺负您了？您跟我去和我爷爷说会儿话，心里就舒坦了。我爷爷说，没有过不去的坎儿……"

中村像犯人一样，被女孩乖乖地押到海岸的沙滩上，这时候，海水正一尺一尺地向前推进。中村想，一个人罪孽太深了，他想自杀，都没那么容易，他只能等到下一次退潮了。

中村问女孩："孩子，你叫什么名字？"

"我叫海菜。"

什么？到了这个年代，还有人叫如此陈旧的名字？中村一下子又想起了当年的海菜姑娘，他欠下了海菜姑娘的血债啊。面对小女孩清澈的眸子，她难道是海菜转世？中村感觉自己多可恶啊，临死了，难道就不能跟个女孩坦白一下自己的内心！

"海菜姑娘，你不知道，爷爷是日本人。"

"啊？日本人？中国话说得这么好，爷爷太棒了！您这么聪明，还能有什么想不开的？"

"爷爷是大坏蛋。爷爷不想活了，爷爷对不起中国人民啊。"中村谨慎地使用孩子的语言，讲了他当年的故事。

60年前,中村来到中国。那时候,他没认识到侵略的真正残酷,只相信官方宣传的大东亚共荣。他驻防的地方,是一个小镇子,镇子里刘掌柜有个17岁的女儿,叫海菜。海菜长得俊俏,人也聪明善良,中村经常跟她在一起约会,中村说,等有一天不打仗了,他就会娶她。海花居然深信不疑,因为,她太了解中村了,这是个说一不二的男子汉啊。

可是第二年,日本人的大部队开了过来。镇子里的居民大都逃走了,海菜的父母也收拾了行李。海菜过来跟中村告别。中村说,你别走,我可以保护你。这样,海菜就留了下来。哪想到,中村的队长发现了海菜,他命令中村去镇子边站岗,中村是军人,不敢不服从。等中村撤岗回来,看到海菜头发散乱,两眼发直,只说了一声:"我恨你",就一头撞到了墙上,脑浆溅了一地!

"不。爷爷,您不是坏蛋。"小海菜天真地安慰他说,"您能承认罪过,那就是好人,日本鬼子欺负我们,不是您的主意,是不是爷爷?"小姑娘一定要邀请中村去跟她爷爷见上一面,当她伸过手来拉他时,中村蓦地发现,小海菜的双手严重畸形,都是向内侧勾着,伸不直,怪不得她总把手背在身后。

"你的手……你爷爷是做什么的?"

"我不是爷爷亲生的。我也不知道父母是谁。我得了小儿麻痹,被扔掉了,爷爷没有亲人,他捡破烂,就拣了我这样一个会喘气的破烂,我就跟爷爷一起活下来。爷爷一直想把我的手治好,可是他没有钱,他现在连三千块钱都没攒够。"

中村的心被深深地震撼了,女孩的爷爷虽然贫穷,可与自己这个有钱人有钱人相比,他是多么的高尚啊,他跟着小海菜走进了一间低矮黑暗的简易房。

"爷爷今天不回来了。"小海菜捡起炕上的一张纸条,对中村说。

中村艰难地将纸条儿凑到稍亮处看,原来是告诉小海菜,他有事到城里去了，三天不回来，让她自己照顾自己。

“爷爷，我会剪纸，我给您剪一幅做纪念吧，您是个好爷爷。”

中村认为这是他在世界上听到的最真诚最让他感动、让他荣幸的一句话了，有一个中国女孩，听了他的忏悔后，还说他是个好爷爷！

小海菜从一个破烂的纸盒里拿出一些纸，挑了一张颜色稍微好些的，开始给中村剪纸，她的手用不上劲，秀丽的小嘴儿跟着剪刀使劲，都变了形……中村觉得，女孩每一剪子都剪到了他的心尖上，疼痛难忍，他猛然下决心，自己不再想死了！

“爷爷，我剪得不好。”小海菜的脸红了，“下次您再来，我给您剪幅好的。”

女孩剪的是一幅渔女图，一个戴草帽的女孩，提着一条很大的鱼，鱼尾巴向上夸张地翘着……因为双手残疾，技法粗糙，可想象很丰富。中村十分郑重地接过去，放进包里：“小海菜，爷爷跟你约好了，三年后的今天，爷爷再来看你，你一定给爷剪幅更好的？”他把那个密封的文件包打开，抽出遗书和一些够他回家的钱，剩下的全交给了小海菜。

“不行。”小海菜的脸又红了，“我爷爷不许我要别人的东西，那样，他一辈子也不会理我的。”

瞧那个贫穷的中国老头儿，多有骨气！中村眼睛潮湿了：“小海菜，愿意做我的孙女吗？”

“愿意。可是我不能要您的钱，爷爷。

中村抱住这个中国小女孩，任她在他的脸上亲了一口。

回到日本，中村投入了紧张的试验中。他自幼学中医，精通针灸疗法，他感觉小海菜的手能治好，他要亲手给他的中国孙女治好病，让她剪出不负她想象力的好作品。如果他的能力不及，那他将倾其所有，替小海菜治好那双手，帮助她和她善良无私的爷爷过上富裕的生活。有这个信念支撑着，三年过去，他被专家诊断只能活一年的绝症，早不知道忘到哪里去了，老中村红光满面地如约来到中国北方的那个小渔村，站到那个经常在梦里出现的简易房面前，一种马上见到亲人的激动几乎让他晕过去。

老中村颤抖着敲响了那扇破门。

门里探出一张无法用语言形容的老脸，那就是小海菜的爷爷了。中村深深一躬："我是来看小海菜的。"

"是中村先生吧？小海菜一直在等着你呢。"这孩子，怎么不欢呼雀跃地跑出来扑到他的怀里呢，她救命的菩萨来了呀。中村不由地生出一丝淡淡的失落，孩子是不会像大人那样珍重亲情和承诺的。

室内还是那样黑，没见小海菜啊。中国老汉划着火柴，点燃半截蜡烛："这屋里没电灯。小海菜，你日本爷爷看你来了，你说的对，他说话真算数啊。"老头子拿出一个小本儿，"先生，小海菜死了，你看看她的照片吧。"

啊？这个可怜的小姑娘，她怎么会……

中国老汉告诉中村，小海菜其实除了小儿麻痹症，还患上了白血病。他做爷爷的，实在无能为力，所以才把她从县城带到这儿，希望海边空气好，能让她尽可能多活些日子。小海菜有了日本爷爷后，见谁告诉谁，她天天铰啊铰，就想铰一张理想的《渔女图》给爷爷当见面礼。然而，就在一个多月前，她到底支撑不下去了，临咽气前，还不住声地念叨："日本爷爷马上就来了……"

中国老汉高举起蜡烛。中村看到，小屋子里墙壁上到处贴满了《渔女图》，材料有彩纸，有杂志封面，一张比一张有进步。中国老汉说，他捡回来废纸，小海菜都要挑选几张……

中村小心翼翼地一张一张把那些剪纸作品揭下来，他做得相当认真，仿佛那都是他的孙女小海菜的灵魂……

"我对不起她呀。"中国老汉伤感地说，"我救了她一命，却救不了她一生。”

“老哥哥,能说说她为什么叫这个名字吗?”

“为了纪念我死去的姐姐。”

“您姐姐?”中村大吃一惊。

“你的故事我都知道了。”中国老汉慢腾腾地说,“这个世界真是太小了,竟让我遇上最不想遇上的人,我就是当年那个苦命的海菜的弟弟呀。”

“啊?”中村的脑袋胀得老大老大。

“过去的就算过去了吧。中村先生,你能承认自己错了,我实在感谢你。是你又让孩子多活了好久,而且活得那么充实,那么有希望。”

“老……不,你应当是弟弟。”中村不知哪来的力气,一把将中国老汉按坐在炕上,“你能在我死前饶恕我的罪过,我一定要谢你。”

中村双膝跪在肮脏的泥地上。

瘫子和瞎子

西大洼村好大一片肥土地，肥得流油，庄稼人到这边地头上一站，双腿就挪不动啦，都说："这地，真好啊！"这片地归老宋家、老任家、老孙家三户财主所有。三家财主各自都有自家的产业，却都眼睛瞪得溜圆，都想把另外两家的地弄到自家名下才好。

民国初年，老任家的掌柜任剥皮见老王家死了老当家的，就想方设法使上人拉着小掌柜的下赌场抽大烟。结果，老王家败了个六门到底，所有的产业都当债务押在了任家。老王家小掌柜的一根绳子吊死在房梁上，只留下个孩子，是个瞎子，东家讨一口，西家蹭一顿地挨日子。

王瞎子摸到了老宋家门前，宋家掌柜的宋善人看不过去，就说："小什么，你也别这么到处讨要，我拨给你一间小屋，供你吃喝，随便琢磨一门手艺，也比饿死强啊。"宋善人说话算数，当真供着瞎子吃喝。瞎子眼睛看不到事儿，学手艺比正常人专心得多，他不学打卦算命，不学吹拉弹唱，却练成了一手绝好的做乌拉的活计。东北那天气嘎嘎地冷，上山踏雪离了乌拉不行。王瞎子的牛皮乌拉在这一带方圆百十里地出了名，就叫王瞎子乌拉。王瞎子的乌拉卖上了大价钱，虽然是宋家经营，多余的钱财全部归了宋善人，可是王瞎子还是感激他当初的救命之恩。宋善人靠王瞎子更发啦。西大洼的人都说宋善人积德有好报，这王瞎子乌拉一个人顶上个小作坊，这都是他老宋家的啦。

宋善人跟王瞎子说："我不跟你说假话。你好生干就是。君子报仇，十年不晚。先悄没声地忍着，等着我早晚把任剥皮收拾了，帮你出这口气。"王瞎子听了后不断点头。

说话间日本人来到中国。宋善人名声好，有人缘，就让城里的山本太君请了去，当了这一带的维持会长。宋善人的腰杆挺得比往日更直了。任剥皮背后骂他："吃里爬外，管日本人叫爹，丢死祖宗的脸啦。"宋善人却说："屁话。你不当，他不当，难道让日本人来当这会长？不用笑我，早晚有你叫爹都不灵的那天。"

这一天，抗日联军在城西山坡上打了日本人的埋伏，撤退时，晚上在任家吃了一顿饭。宋善人看见了，大声叫："好！"就去见任剥皮，说："你家可是通了匪的，要是让日本人知道了，那犯满门抄斩罪呢，你若是识相，把那块豆茬地贴东边割给我5垧，我在太君面前替你美言几句。"任掌柜正喝上了点酒，脸涨得通红："我就是通了匪，也比你认外国爹光彩！你不就惦记那片地嘛，死了那条心吧！"宋善人说："好，好！"然后就去了县城。

任剥皮醒了酒，知道大祸要临头。把大宝二宝俩儿子叫到跟前，说："爹拼死拼活，攒下这点家产，也为的是你弟兄俩。爹名声不好，可家里外头我分得明白。如今姓宋的公报私仇，到日本人那里去下舌，这账迟早要算，可眼下吃亏的是我。我走后，大宝要管好你兄弟，无论如何要先给他好歹成了家，你才能打自己的谱。听见了没有？"大宝二宝都说："听见啦。"又嘱咐："宋家的仇早晚要报，记住啦？"道是："记住啦。"

宋掌柜去县城的当天晚上，村里就开进来一些日本人，把任剥皮和大宝一齐绑了就走。只剩下个二宝坐在炕上发愣，二宝是个瘫子。

不出三天,任家两颗人头就挂在县城的城门上,吧嗒吧嗒滴血!

这天晚上,月黑风高。二宝正坐在炕上发愣:父亲哥哥没了,大仇哪个报,就凭他个瘫子?眼下活下来都费事。他想托人帮忙照顾家务,可是,都怕宋善人势力大,连条狗都没有趴门缝里瞅他一眼的,指望谁?正想着,忽然有个蒙面的闯进来,背起二宝就跑,刚刚出得门,背后大火就烧起来喽,噼啪乱响,尽管乡亲们纷纷来救,任家还是化成了一摊灰。

大伙找到二宝。宋善人笑了笑:"这孩子还是我养着吧,不差他一双筷子。他爹得罪了日本人,他却没得罪我呀。"老百姓又有人啧啧叹气:"都道是宋掌柜使的坏,不像啊。"

王瞎子见宋掌柜要收养二宝,就说:"把他交给我吧,我供他吃喝,也算有了个帮手。"二宝就归了王瞎子。

宋善人高兴得不得了。他本不想让乡亲们看出他这人心狠手毒。虽有心整死二宝,但又觉得太露骨,就装出慈善的样子,心想忍在小畜生一人身上,可以收买一村民心啊,也划算。谁想王瞎子要他。王瞎子对待二宝,老话说,瞎狠瞎狠,有数的,那真是再理想不过。

宋善人等着好戏看。

再说王瞎子把瘫子二宝弄到家里,对他说:"听好啦啊,你今后见天给我摆弄皮子,要下苦力,我管你吃喝,咱俩不欠;若是要滑头,当心我煮熟你的皮子!"

小黑屋子里,王瞎子扔给二宝一捆干牛皮,这些牛皮又皱又硬,上手一摸都硌得慌。王瞎子让二宝用手生生把这些皮子捋平展,一遍不行,一百遍;一百遍不行,一千一万遍!二宝捋得那手肿了木了,王瞎子毫不放松:"想活着,就得好生干活!"他规定,没有宋善人就没有他王瞎子,也就没有任二宝。二宝每捋一下皮子,都得念叨一遍:"宋掌柜"!

二宝虽然瘫,但他不想死。爹爹留下话儿,早晚有跟宋善人算总账的,他没本事报仇,也要看看宋善人的结果!于是,他一遍一遍地念叨"宋掌柜",一下一下地狠歹歹地捋那皮子,仿佛那皮子就成了宋掌柜,他的手一天比一天更有劲儿,捋的皮子一天比一天多,喜得王瞎子常常拍他的肩膀。

一口气3年过去,多硬的皮子到了任二宝手中,简直如同面条子一般,听他摆弄。

王瞎子说:"行了,你手艺妥啦。兄弟,你恨不恨宋掌柜呀?"

"恨。也恨你王瞎子。"二宝恶狠狠地说。

"我知道。你没见睡觉我都离你远远的嘛。兄弟,这些年你受苦了。可不受苦,你怎么报得了父亲哥哥的仇哇,我这是帮你想的出气的主意,你把姓宋的当成牛皮捋,仇就报啦。明天,宋掌柜的要来这小房里看你,你瞅他靠近,抓住他,掐他的脖子。"

二宝一下子全明白啦,这王瞎子,自己还一直恨人家,几次想弄死他,只因等着看宋善人的下场没轻易下手。

"王师傅。"二宝呜呜地哭了,"你这是何苦。帮我报仇,有你的啥好处啊,我爹把你们家害得这种地步。"

"我也恨你爹,也想把你们家搞得死绝了根才好。可是,咱是两家的仇,再大也是小;老宋帮日本人害中国,那是千家万家的仇,再小也是大。好比一个小钱跟一堆元宝,姓宋的欠咱们老鼻子去啦。我瞎是瞎,但这道理还能不懂嘛。"王瞎子搂住了二宝,俩人一块儿哭啦。

第二天,果然宋掌柜的来到小黑屋子里:"二宝呀,过得怎么样?"屋里黑,他眯着眼贴过去看呀,让瘫子一把薅住,声也没哼出来,脑袋就被揪掉啦!

二宝奇怪:"怎么这么不经揪?我还没过瘾呢。"

瞎子背着瘫子,瘫子当瞎子的眼睛,他俩左拐右拐,最后也不知跑到哪去了。

跟魔鬼兑命

寒葱沟位于长白山下，是个不小的村落，伪满洲国时，已经有四百多口人，那时，日本人霸占着东三省，整天兴师动众地清剿抗日联军，搞得鸡犬不宁。这天，抗联部队在寒葱沟沟门打了个漂亮的伏击战，将一小队鬼子兵全部歼灭。这可惹恼了日本军队的头目，下令把全村人集中到一起，用机关枪给“突突”了！幸亏伪保长有点中国人的良心，一边苦苦劝阻皇军不要这样做，此事系抗联所为，跟百姓无关，若要报复，应当找抗联去；一边暗暗打发人透出信去，如果真要集中到某地开会，便是日本人要大屠杀了，让大家千万不能等死，能逃出一个是一个吧。因为不久前，也是类似一个事件，抗联在白家堡子附近杀了11名日本兵，日本人就把全堡子几百口人全部枪杀了给日本兵抵命。

村子里有个叫狐锁的男孩，刚满15岁，爹当抗联战死在山林，家中就他跟娘俩过日子。娘整年咳嗽不止，常常咯血，想治病，哪有钱呀。听到村子要遭血洗的消息，狐锁气得直咬牙，丧心病狂的日本人不让咱们活下去，我跟他们兑命！

狐锁他娘毕竟是抗联的家属，很爱国的。她说：“儿呀，你有志气，像你爹。可是,人家有家伙,你赤手空拳,又这么点小身板儿,怎么能斗得过日本人,救得了全村乡亲呢,咱不能做白搭一条小命的傻事。”狐锁说:“我自有办法。”

狐锁说罢,就去了日本人设在寒葱沟的警备所,对管事的坂田太郎说:“我知道红胡子(当时敌人对抗联的蔑称)密营的地方,愿意领太君去抓他们。可是,俺娘有病,你得给3块大洋治病。”

坂田怎么会轻易相信这么点个的小孩子会帮助他成就那么大的事?让手下当差的中国人调查狐锁是干什么的,回答说他爹下落不明,可能是红胡子。狐锁见坂田面露凶气,自己就承认了,说:“俺那死爹就是红胡子。他自己出去享福,把俺跟娘扔在家里遭罪,我恨他。”坂田又亲自问他怎么知道红胡子的地方,他回答,死爹常常带他到那里去,不过那道路十分难走,一不小心就会掉沼泽里淹死,所以抗联才选那样的地方密营。狐锁还说:“你们不用心疼那3块大洋,离了我,哪个也别想找到那地方。”

坂田想了想,就从口袋里数出3块大洋给了狐锁:“你帮皇军抓到红胡子的干活,金钱大大的有。”

狐锁回去,把大洋给了娘:“日本人一走,您赶紧雇个马车,到姨姥娘家去吧,别忘了揣上良民证。我要是能活着,就去那边找您。”娘俩抱头大哭。虽然不愿意走这条路,可是,日本人要杀全村人呢。

狐锁安排完了,就又去找坂田。坂田已经从外地调来了一些汽车摩托兵,大概有二三十个。唏哩哈依了半天,就让狐锁坐上车,跟坂田太君并排。狐锁有生以来头一回坐这洋玩意儿,心里又怕又知足。走了一会儿,他想,不能让这伙鬼子便宜了,临死也得累他们一通。就故意说到了岔路,下面得钻林子,日本人只好把车停在路边,留下两个伪满洲兵守着。

狐锁钻进树林子前,回头留恋地看了一眼那几辆车,白瞎了,咱抗联啥时能熬上坐车就好了。他领着鬼子们高一脚低一脚,专拣难走的路。前边他把树条推弯拱进去，接着一松手，树条反弹，狠狠地抽在紧跟他屁股后的坂田的脸上，坂田痛得“八格”地骂，不许他快走，而那把手枪也不离手。狐锁说：“太君，我害怕你这家伙，千万可别弄响了，打死我就找不到红胡子了，你们也得饿死。”

狐锁领着日本人钻了多半天树林子，他记性真不差，果然就把这群魔鬼领到“稀饭盆”这地方来了。这是一片长二十里、宽半里的草甸子，水面上浮露着一个个的“塔头”草墩儿，周围都是稀溜溜的沼泽，人掉进里面，不动，沉得慢点儿；越动越沉，不用一袋烟工夫就没了顶，连尸体都没处找到。若是别人来救，那俩人沉得更快。狐锁把魔鬼们带到这里，早就打算，咱谁也甭活了。

这天晚上天空挂着个好大好大的圆月亮。狐锁站在“稀饭盆”的盆沿上问太君：“红胡子的老窝过去不远就是。咱们是马上过去，还是明早上再走？这地方难走极了。”坂田说：“大皇军什么的统统不怕，现在就过去。”“那我得吃饱饭。肚子饿，怎么能走这么长的甸子？”狐锁头一回吃日本人开启的洋铁罐头，鱼呀，肉呀，哎呀娘，那么好吃！他狼吞虎咽，直噎得“勾儿”“勾儿”的。日本人笑得直不起腰，他心里骂：“等一会儿，我叫你们笑不出来！”

狐锁吃饱了，舔舔手指头，再往身上抹抹油渍，就开始教鬼子怎么样走“塔头”，过沼泽。他必须装得十分认真，否则日本人不上当，那村子里的乡亲可一个也别想活命了。讲了半天，他先上了塔头，一再嘱咐：“可不能回头，不能左摇右晃，不小心掉下去，就完了。”他跟父亲走这甸子至少有百十回，踩上去如同平道，日本人可苦了。哪受过这罪呀，腿肚子发抖不说，头上那蚊子、小咬密得像雾似地，直往脸上扑，撞得人睁不开眼，咬得脑袋好像大出一倍，他们背着枪，又不会找平衡，怎么敢随意扑打？狐锁不管，他先准备了一根带叶的枝条，边跳跃，边抽打，惬意得很。这时，身后一个日本兵不小心掉进了沼泽，狐锁一边埋怨，一边嘱咐不能救，鬼子们就在白花花的月亮地里眼看着同伴被沼泽吞没……狐锁还来了理儿:“说不叫你们乱动,这不掉下去一个!”

狐锁带日本人走到沼泽的那头,只剩下十几步了,这十几步可是关键,这几块“塔头”奇小,要会踩,须直上直下,才能保持衡,而且一脚上去,下一脚不能再踩上,必须跨过去踩前一块,否则塔头经不住重量,必歪无疑,一歪,人就掉沼泽里了。狐锁怎么能告诉日本人这些呢,即使告诉,恐怕一时也难掌握,现在他顶重要的是赶快摆脱坂田,这老东西紧紧跟在他身后,抬手一枪,他命就没了,实在不成,他狗急跳墙,一把揪住他,那俩人谁也别想活。狐锁本来是要跟鬼子兑命的,可眼看到了对岸,他又不舍得死了。小东西眼珠子转了好几圈,办法有了。他回头对坂田说:“太君,前面几步,你不能紧跟我,得一个一个地过。你看准了,我怎么走。”得到坂田允许后,他吸足气,一连十几步,顺利地过到对岸,回头喊:“太君,小心点。”看坂田张开两手,刚刚学着他迈出一步时,狐锁吹声口哨,一溜小跑,钻进了岸边的树棵子里去了。

坂田见狐锁要逃,抬手一枪,可惜身子站不稳,怎么能打中?他脚下一慌,“塔头”歪了,老家伙连人带枪比两个狐锁还要重得多,怎么可能跟狐锁一样轻松?只见他一头栽到烂泥里。武士求生的欲望也相当强,坂田抓住那块“塔头”死不松手。后面的赶紧来救长官,没用了,谁也找不到个实地支撑身体,使不上劲,后来的也站不住,只好松手。坂田抓住的那块“塔头”“呼隆”一家伙翻了过儿,坂田只剩下两只手在水面上划拉,越划拉越短……

狐锁钻进树林里逃了吗?才不。他悄悄绕到另一个角度,欣赏日本人落水的惨剧呢。这时,后面大乱,好几个日本兵又沉入了烂泥。这踩塔头学问相当大,往前走脚下用力的角度跟往回走必须相反,否则就踩翻,掉下一个,这塔头就短时间内不能再踩,连续翻两个,你一步休想迈到第三个去,间隔太远了!好家伙,看那些日本人,死的死,有些蹲在塔头上,进不敢进,退不敢退,这些在战场上穷凶极恶、威猛无比的武士,面对这无理可讲无力可施的沼泽,一点能耐也没有了,有几个抱头哭起来……

坂原那一声枪响,没想到引来了抗联。原来他们真在这里,这是狐锁没想到的。战士们赶到时天已拂晓,他们就分散躲在树林子里,不慌不忙地用老土炮瞄准,“轰”地一下,“轰”地又一下。不管打中打不中,都不用再费二遍事,鬼子躲子弹,身子只要一晃,准沉入沼泽底送命。

小鬼子一个没逃脱。抗联叔叔夸奖狐锁时,狐锁却哭了。为什么?他心疼那些枪,还有那些罐头,没吃够!

狐锁一哭,战士们全都笑了。

棍 神

李广忠原是河北沧州人，随父母逃荒流落到关外，在吉林海龙县一带住下。他人小，靠给一家姓南的财主放猪，混口饭吃。他放猪不太经心，常常被掌柜的打骂。不久，他的爹妈先后得瘟疫死了，扔下他个孤儿。掌柜的说："你若是同意，就过继给我当儿子，改姓南。"李广忠人小脾气可倔，想，我凭什么跟你姓南！一转身走了，再不知去向。

一晃10多年过去。大家都认为李广忠大概早喂了野狗，谁知道他又像从天上掉下来似的，回来了！他回来后不干农活，有时打点短工，有时倒腾点小买卖，黄皮寡瘦个人儿，哪个也看不出他有跟别人不同的地方。

但是别看这李广忠游手好闲，他的日子并不见得比别人差，村里人都气不平了："老天不长眼，给闲人饭吃？莫不是他下道当了胡子（土匪）？或者是干上了偷鸡摸狗的勾当？那可要连累了咱全村人倒大霉呢。"

留心观察，他是从海龙往柳河倒腾点猪呀羊呀的卖。那时人们不大会做生意，以为不是种地来的钱就不算太正经，更加生气。有几个小伙子发了狠："他一个河北人，倒跑咱关外来神气，算哪一枝的！抢他个狗日的。"算着李广忠哪天要返回，就约好五、六个年轻力壮的，反穿羊皮袄，埋伏在他必经的小道旁边的树棵子里。

这天晚上，李广忠喝了点酒，晃晃荡荡哼着小曲儿往回返，小伙子们约好了："别打死他，钱拿下，让他记住别瞎狂了就中。"

说话间，李广忠已到近前。五、六个小伙子齐声大喝："拿命来！"五、六条腊木棍子挟风裹雪，照准李广忠的背后袭来。这力量，任何壮实男子，只要挨上一下子，肯定趴下。可看那李广忠，还是勾勾着腰，只不过把肩膀和脑袋往上轻轻一提，那几条棍子"呜"地就被震飞到半空，而这小子头没抬，只是闷声闷气地问："哪路的朋友，疯什么疯！"

暗算他的没料到遇上了这样的高手，吓得一哄而散，四下逃命。

李广忠冷笑道："站住说话。逃是逃不脱的。"边说着，人随话到，他飞在空中似的，左右两只手各抓住一个正逃的人，顺势又扔回到原来埋伏的地方，摔得直哼哼。

另外的见事不好，只能跪在地上叩头求饶。

李广忠打着火亮儿一照，说："是老邻居啊，你们一定是睡毛愣了。走，咱们回家，我请客，喝杯酒消消火。"

这一来，李广忠立刻在这一带出了名，都说他武艺高强，是神仙下凡。他笑笑说："狗屁。我若是神仙，神仙就不值钱了。"又有人让他露几手，他还是推辞："我哪里会，你们不可听别人瞎说的。"久了，就是摆出一副啥也不是的样子，弄到甚至连吃他教训的那几个都有些怀疑：那天夜里是不是把经过记马虎了？

李广忠就这么不穷不富地活着，连个媳妇也说不起。

后来，日本人进了东北，扶植退位的宣统皇帝建立了伪满洲国。这一带有了铁路，火车站长都是日本人当。有个叫久井的站长，力气很大，人又霸道，中国人在他眼里猪狗不如，经常受他戏弄。车站动不动装粮食，搬运工扛着一麻袋粮食上跳板，那一袋有200斤呀，工人肚子里又没食儿，走一步一哆嗦是常事儿。久井站在月台上看腻了，随便指住两个扛麻袋的叫他们停下来，将他们扛的两麻袋一边夹一个，大步上到顶，粗气也不喘一口，看得人直伸舌头。久井就叉开两腿，让那两个工人从胯裆底下爬过去，以示侮辱。工人哪敢不照办？他就得意地狂笑！

人们看不下去又没办法，就对李广忠说："你不能给久井点颜色看看，瞅他把咱中国人欺负的。"

李广忠丢下一句："我哪会那个。"赶紧躲开。大伙叹气，说这人无论有再大的能耐，充其量是炕头上的汉子，没用的。这话传到李广忠耳朵里，他不恼，也不计较。

这一天，久井没事了，弄几个日本人还有伪满士兵玩一种叫"拉棍"的角力游戏取乐子。找一根结实的木棍，俩人对坐伸直了双腿相互蹬紧，把手握住棍子放在四脚相抵的中间，发令后各自向自己一方用力，以拉过来者为胜。久井果真力大无穷，他一人让对方两人，而且他一用力，对方俩人乖乖地被拉过来。围观的齐声叫"好"。恰巧李广忠打这儿经过，本来人家看都没看，可有好事的告诉久井说此人会武。久井也早听说过这人，便喝住李广忠，让他来拉棍。

拉棍这项目，光有力气还不成，体重太重要了，屁股做支点，那多出20斤，得多大的优势才能拉平？眼前这小李子体重刚过百斤，比之久井差不多轻出一半。李广忠摇了摇头，说不会。久井不依，说："不会的，这边的爬的干活。"说着叉开双腿。

刚刚建立伪满洲国那时，日本人为了扩展，起先还不算太凶，基本上做出能跟中国人相处的样子。话说到了这份上，围观的人们就激李广忠："能让人家打死，也别让人家吓死，试一下又能怎么样？"李广忠说："不是不行，得两个拉一个。"久井说："对的，就是两个拉一个，你同伙的随便的挑选。"

"什么我随便挑选！我是说，你要跟我拉棍儿，得两个才能跟我比划，怎么还我挑！你不懂就算了，我走。”

李广忠嘟哝了一句，转身欲挤出人圈子。

“哟？”这久井是半个中国通，早听明白对方的意思，他分明是拉不过反而充大个儿，给自己找台阶下呀。这个趾高气扬的日本“官儿”岂肯轻易罢休？他趋前一步拉住李广忠不放：“你的，比试胜利了，我的听从你的干活。”

“那好，谁输了谁钻胯裆，你敢不敢？”李广忠懒塌塌地晃荡着身子回来，在久井对手那个位置上坐下，手中抓住那根棍儿：“太君赶紧找人吧，得找个跟你差不多的，不然一拉就歪。”

说僵了。久井怎么肯受这个？他愤愤地来到李广忠对面坐定，圆睁着双眼说：“我自己跟你拉就可以了，伙伴的不要。”他握住棍子，示意裁判开始。

结果，所有的人都看呆了，任凭他怎样用力，李广忠坐在那儿像钉在地里一样，纹丝不动。拉了几下，烦了，他干脆只用一只手：“让你再找一个，不听。那就拉吧，你把我胳膊蜷的这个弯拉直了，我就从你胯下钻过去。”他一只手握棍，并没伸直，只让对方拉，他不动力，这种让法只有大人跟儿童间才可能有。但久井虽然被羞恼得满脸紫红，却是一点办法也没有，他硬是没法子拉直李广忠那个胳膊弯！

那时不兴鼓掌，人群中乱糟糟的叫好声。

李广忠懒塌塌地站起来，拍打拍打屁股上沾的土，说了句：“我让你钻下胯裆也饱不了肚子，回家吃饭去。”头也不回地走了，把个久井闪在那里恨不得找个地缝钻将进去！

打那以后，久井再也没敢在人前张罗比试力气。扛麻袋的工人们感谢李广忠给大伙出了气，却始终不知道他那本事从哪里学来的。

当年秋天，从伪奉天省（现沈阳）来了一个日本大官儿，这地方还没见到过这么大的日本头儿，老百姓吓得不敢出门。久井站长却是跑前跑后，支派着属下张罗这张罗那。酒醉饭饱之后,这位长官对久井说,听说这儿有个能拉棍的中国人,他想见识见识。

久井这人倒也诚实,当着许多属下的面,就说:“那姓李的大大的厉害,太君就算比久井武艺高强,却是比不过他的,不比也罢。”就把那次他自取其辱的事说了一遍。

谁知道这位上司来到这里没什么大事,主要是听说久井输给过中国人,特地来找茬儿的。久井哪敢违背上司的指令?只好亲自去找李广忠,他对李非常客气,暗暗嘱咐他,“大太君脾气的不好,你比试要让他一些。”

李广忠见了大太君,没有客气,往地下一坐,就示意那日本官儿再找一个,久井也可以,否则没法比试。结果,这两个日本大力士就并排坐下,但见李广忠二目圆睁,喝一声“起”,那一对日本人就像中了魔法,老老实实地被拽了起来!

日本大官儿摇头表示不理解。他挥手让久井起来,他一人单独跟李广忠比试,并通过翻译告诉李,不许喊那个什么“起”。

对手竟然怀疑李广忠念的是咒语,这令李哭笑不得,他把那个日本官儿拉起好几下,最后仍然伸出一只手,说:“你拉直我这个胳膊弯,就算你胜了。”

那个日本官儿其实比久井强不了多少的,李广忠的弯儿要拉直至少也得上千斤力量,他当然拉不直!憋得满脸通红,一点办法也没有,样子好尴尬!

奉天随行来了个伪副官,见主子处境不好,拔刀在手,骂了声:“不识抬举”,一刀竟把李广忠的脑袋削了下来,那脑袋骨碌碌在地上滚了一圈停住,却圆睁着眼;再看李广忠,尸体坐着不倒,那胳膊依然弯着,手握棍子,任别人怎么掰扯,竟然保持着老样子!

日本官儿站起来,“啪”“啪”,抽了那副官好几个嘴巴子。大约是他觉得这样做更使日本人丢了面子。

打那以后，这地方的日本人老实了不少年，一直对中国人客客气气，直到战争彻底打响。

日本官儿临走前，吩咐久井站长，把李广忠厚葬，以免激化矛盾。可李的尸体无法改变形状，只好做了特殊的棺材，让他坐着入殓。埋掉后，又准许当地人在这儿盖了一座小庙，起名“棍神庙”，连久井也烧过香烛。

第四辑

教教你卖傻

心在眼前面

张富与成贵打小一同拜在云峰道人膝下学习武艺。

道人管理是很严的。古洞入口五步处分岔,道人独宿东边,俩徒弟共宿西边。早晨,自师傅走出来咳嗽的第一声起,俩徒弟必须爬起来跟随左右,随时听候召唤,除了吃饭便溲,连打一下瞌睡的工夫都不给;晚上不得到师傅“睡吧”的恩准,俩徒弟必须老老实实地练功……这样,师兄弟俩的武艺长进很快,从师傅的目光中就感受得到。

张富是个很有心计的小伙子,他想,自己是师兄,却没见师傅单独传授他点什么。但师傅不见得不偏向师弟,因此,他不敢马虎,师弟到哪儿,他必然到哪儿,他走一步,也要把师弟带着,俩人如影随形。师傅只道他俩亲如兄弟,还时常夸奖几句呢。

一学五年。师傅说,你们不能像小鸡崽儿似的总在我胳肢窝底下,该下山走自己的路了。云峰道人带他们俩下山,山下有位许铁掌,是师傅的师弟,道人便让徒弟们轮番跟铁掌师叔过过招。

要出徒了,大弟子张富自然是竭力表现,自己也觉得无论如何也要胜过师弟一筹。可是轮到师叔点评时,许铁掌竟然说,大师兄高足的武艺均可以说达到炉火纯青的境界;不过若细论,还是这小徒弟成贵领悟得更加透彻,因此,若沙场较真来,成贵才是真正的万人敌!

云峰道人也点头频频:"为兄同感。但十个指头伸出来也不一般齐,我可是悉心传授了,他俩都是关门弟子啦。"

听了师傅的话,张富伤心已极。凭心而论,自己的悟性要高出师弟一截,通常有些动脑筋的事,多半都是他已经破解开来,成贵还在憋足劲地苦想;而论毅力,他也胜于师弟,除了牢牢盯住师弟,就是睡觉躺在草铺上,他也一遍遍地重温师傅白天所授,师弟鼾声不起,他从未入梦过……日积月累,那付出自然多出若干,怎么反而不如师弟了?没有别的结论,师傅偏心。他老人家一定是以某种极其隐秘的方式,给师弟吃了小灶!

师傅是如何给师弟小灶吃的呢?张富百思不得其解。

许铁掌当晚热情招待师徒三人。张富只吃了少许东西,就借口不舒服,独自站在庭院一角发呆。这时候,许铁掌带着成贵悄悄走来,劝慰他说:"张富,你是不是为师叔白天的点评不满?我说的可是肺腑之言呢。"

"师叔,我不是那个意思。同在山中五年,我敬师傅胜过父亲,师傅他不该给师弟吃小灶。"

"没有啊,"师弟成贵喊冤道,"咱俩天天形影不离……"

许铁掌微微一笑:"别争了,听师叔且考张富几个问题。你师傅每天什么时候入睡,什么时候起身,每餐吃几碗饭,你知道吗?"

"师傅每天夜里三更后入睡,鸡叫三遍起身,在洞口站桩站足一刻,而后咳嗽一声唤我俩起来洗漱。师傅早饭、午餐两碗,晚饭一碗。"张富很流利地应答。

"你师傅站桩是何种姿势?用左脚还是右脚?"

"师傅站桩用单足。可能是右脚吧?"

"不对。"师弟成贵抢话道,"师傅虽然三更后卧下,可并不即刻入睡,我躺在干草上,把白天所学重新演练一遍,他那边才响起鼾声,我猜想,老人家是熟思明天给我们上什么功课;师傅哪里是鸡叫三遍,他老人家是鸡叫二遍就醒了,先深吸一口气,然后徐徐呼出,直到鸡叫三遍,才走出'卧室',喊我俩起来。师傅一吸一呼时间好长,大约一袋烟的工夫,我跟着他吐纳。先前底气不足,根本跟不上,一、两年后,才渐渐适应;老人家站桩,单日子用左足,双日子用右足,这时候,我躺在草上,跟着师傅单腿用力,所以最清楚。师傅也不是吃两碗饭,他有肚子疼的病,疼时,他自己盛饭,最多一碗半;不疼时,由我俩给盛,饭培得很实,顶两碗半哩。"

许铁掌问张富:"你怎么没留心师傅这些细节呢?"

"那是师傅自己的事,所以我没往心里去。"

许铁掌哈哈大笑:"好一个十指不一般齐。什么小灶,师傅从来没偏过心!倒是你张富的心偏在了师弟身上,总怕他超过你;而师弟的心贴在师傅身上了,因此师傅的一举一动全融化在他心里了。你多是用眼睛学,师弟是用心去体会,结果还用我说吗?"

老话讲得对,心眼,心眼,心是必须要摆在眼睛前位的。

咱跟逃犯斗斗智

长白山区枯水沟的山林里生长一种叫“鸡蛋黄”的蘑菇，味道十分鲜美，背到镇子集市上，能卖好价钱呢。星期天，三年级男生吴蛟挎着篮子出门，就是冲着“鸡蛋黄”去的。

吴蛟胆子大，他担心人多了蘑菇不够采，不想约任何小伙伴，独自一人就钻进了山林。林子里的“鸡蛋黄”真多呀，这种蘑菇并不是年年有，如果能采三趟，他这学期的餐费就不用愁了。吴蛟不由高兴起来，边采边唱起了小曲。

突然，听到有人轻轻说了句：“捡蘑菇呢。”这种环境下听到人小声说话，比大声吼叫更可怕。吴蛟被吓得一哆嗦，回头一看，不知什么时候，身后站了个大男人，这个人浑身是汗，衣服凌乱不整，脸上胡须老长，面颊、脖子上被树条划出了许多血道道，他手里端着一支长枪，腰上还缠着子弹，此人脚步真够轻的，什么时候出现在吴蛟跟前，他一点感觉也没有！

吴蛟总觉得这人有些眼熟，却又想不起在哪儿见过，只好傻愣愣地望着对方。那人见吴蛟发呆，就笑了笑，说：“小朋友，你是哪个村的？叫什么名字？”吴蛟告诉了他之后，那人又说：“我是抓逃犯的武警，在山林里迷了路，跟大部队失去了联系，已经饿了好几天，你能不能帮我找点吃的？”

原来是解放军叔叔！吴蛟十分佩服，马上放下篮子，说：“叔叔，我领你回村子里做好吃的招待您，我们村什么都有。”

“啊，那不用，我还急着找部队去。”

这就不对了。吴蛟想，我回去给你拿食物，往返是一个来回，比你自己去吃还费时间呀。这时候，那位“武警”似乎看出了吴蛟的疑问，掏出一张百元的大票：“小朋友，我们解放军有纪律的，不许吃老百姓的东西。你们村里有小卖部吗，你帮我买点吃的，越多越好，我也许要赶好几天路呢。”

“可是，我们村太小，没有小卖部。”吴蛟为难地说。

“那就到老乡家买点嘛。”那位武警说，“小朋友，我们这次行动是军事秘密，你千万不要向任何人透露，否则要负法律责任的。”

吴蛟郑重地点了点头。忽然又觉得不对头：既然是秘密，那他为什么却告诉了我？这个人是在说谎！吴蛟此时脑子又一亮，随即觉得两条腿轻轻地哆嗦了起来——眼前这人在电视里看过，他就是公安部通缉的持枪杀人抢银行的逃犯，不过在树林里折腾得面目全非，一时很难认出。电视上报道说，这家伙枪法极准，手段残忍，据说，有好几个武警战士在追捕他的过程中被他杀死……现在，吴蛟跟他面对面地站着，怎么办？

吴蛟的腿怎么控制也不争气，就是一个劲地哆嗦。他暗暗地骂了自己一句“没用”，干脆蹲下使劲地揉起腿来，这样可以掩饰一下腿的抖动，如果让对方看出吴蛟认出了他，那还有他的命嘛！

“你怎么啦，小朋友？”

“我，腿疼。我打小得过小儿麻痹病。”吴蛟有个同学得过这种病，他脑子一打转，就移植到自己身上了，“叔叔，您放心，我会给您找到吃的。”吴蛟说罢，篮子也不要了，转身就想走，先摆脱了这坏蛋，然后向公安局报警！

“哎，你先别急，让我想想。”那坏蛋突然变了主意，“我跟你一起去吧。

村子在哪儿,你前头领路。”

这下更坏了。吴蛟若是不答应领他,那现在就没有好果子吃;若是把他领到村里哪家,这坏蛋绝对不会让见过他面的人活着,那不是引狼入室吗!可是,容不得吴蛟多想,他必须得走了。于是,他想起刚才说的谎,干脆装瘸,再领他绕着走。能有办法甩掉他更好,实在不成,哪怕挨到中午,山上干活的人们回家吃饭,也许办法还多一点。

吴蛟一瘸一拐地在前边引路,他一边想对付坏蛋的办法,还得时时提醒自己是“瘸子”,担心露馅呢。就这样,走了半个小时,那坏蛋看来不是山里人,肚子里又没食物,速度慢成这样,也还是累得气喘吁吁,通身大汗!

“不对吧?”坏蛋站住了,表情很复杂地盯住吴蛟看了好半天,“你捡蘑菇,能走出这么远?”

“咳,叔叔您可不懂啦,这‘鸡蛋黄’别处里没有,就我自己知道。您以为我也会跟您一样,大活人迷了路吗?”

“噢,对对对。小朋友,还有多远?”

“很快。叔叔您是不是饿坏了,我替您背着枪?”枪要是到了吴蛟的手,那他就可以飞快地钻进树林子,把这坏蛋甩掉。

“没事。你只管走你的。”坏蛋眼里闪过一丝凶光,但很快又假装出和善的样子,“这是纪律,军人的武器是不许别人动的,尽管你是个好孩子。”

“对不起,叔叔。”吴蛟心想,这家伙好狡猾!骗不到枪,一会儿他就会用来杀人,这可怎么办?刚才他同这坏蛋对话时,从对方被汗湿透的衬衫处,隐约看见他腰间缠着好多钞票!

吴蛟更加坚信身后跟着的就是那个血债累累的逃犯。一定得想法甩掉他,绝对不能把他领到村子里,让他再害人。然而,这家伙凶狠狡猾,长枪端在手,紧紧盯着吴蛟,他就算是山里的飞毛腿,又哪里跑得过子弹呀!

时间一分一分地过去,吴蛟的心跳也越来越急促,现在距离村子用不了

20分钟！

吴蛟大脑飞速地转动。猛然，他瞧见一棵高大的杨树，这树主干到10多米高处才分杈，上面端坐着一只大喜鹊窝。办法有了——这逃犯现在不是想吃的嘛，他也未必敢到村里去，那样会暴露自己。吴蛟决定冒一次险，跟歹徒最后斗一回，实在斗不过，拼出他一个人牺牲了，让歹徒放枪，就会引起人们的警觉，坏蛋逃不掉的！

“叔叔，您看这大喜鹊窝，多有意思。”

“里面有喜鹊？”坏蛋气喘吁吁地停住，仰起脸看。

“没有了。早叫人掏去吃了。现在它成了我哥的储藏库。他欺负我腿瘸爬不上树，把好吃的都藏在那上面，有罐头，火腿肠……哎呀，我肚子疼，要拉肚子。”他捂着肚子走出五六步远，蹲在草丛里就假装使上劲了：“叔叔，您等一小会儿，我实在憋不住啦。”

坏蛋瞅了吴蛟一眼，见他低着头，认真大便的样子，不由又仰头看了看那个喜鹊窝，大概是里面那些好吃的吸引住了他。是啊，若是拿到食物，岂不更省事？他脱掉鞋子，把枪倚在树上，蹭蹭蹭，很快就接近了喜鹊窝……

吴蛟的心脏快跳到嗓子眼处啦，这一行动弄不好他会彻底没了命！他紧张地盘算着，早了不行，坏蛋发觉他的企图可能会跳下来；晚了也不行，等他发现窝里没东西，他3秒钟也可能滑下来！在坏蛋往上爬那一刹那，他迅速提上裤子，当坏蛋只需一伸手即将攀到那个树杈时，吴蛟箭一样地射向树下的枪和逃犯的一只鞋，然后，抓起来就跑，篮子不要了！

吴蛟跑出去10几步，就听“嗵”地一声，坏蛋从树上跳下来了，嘴里骂着：“小兔崽子，刚才怪我没提前掐死你！”

吴蛟不跟他计较，他已经稳操胜券：歹徒没了枪，又只剩下一只鞋，在满是树茬儿的灌木丛中，他怎么可能是山里小飞毛腿的对手！

蛇口夺命

长白山脉的错草沟有一个女孩叫张小花，刚15岁，在本乡中学读书。小花从小没了娘，爸爸娶了继母。开始，爸爸疼她，继母待她也好。可后来，继母给她生了个小弟弟，她的地位便一落千丈。好吃的，到不了嘴里，好穿的，轮不到身上，一整天总有干不完的活儿。就这样，爸爸还几次提出，不让她再念书了。小花想，吃穿再差，活儿再多也不要紧，丢下书包可不成。多亏她的老师上门说服了小花的父母，才勉勉强强让她继续读下去。

小花有些明白了，自己惹人嫌的主要原因是自己是女孩，不是嘛，就连小她5岁的弟弟也欺负她，常常叉着腰吩咐她干这干那，有时连“姐”也不叫。屋子小，姐弟俩睡小炕。冬天，姐姐还要睡凉炕头，有时小弟尿了炕，竟也赖姐姐。爸爸便不由分说，痛骂一顿，还当着小花同学的面说她尿炕，害得她抬不起头来。

张小花的路多艰难呀，但她不灰心，她想，爸妈偏心眼儿，小弟年纪小，不能跟他们计较，只要自己读好书，有了出息，一定能改变父母的偏见。为了能够继续上学，她更加起早贪黑地劳动，爬山越岭钻树林，练就了一双快腿和一副大胆儿，年龄差不多大小的男孩子也赶不上她。

5月，长白山还是初春，满山青枝绿叶，蕨菜，刺嫩芽，大叶芹，薇菜……到处都是。这些营养丰富的山菜远销世界各地，换取了大量外汇，山民们眼看着遍地黄金轮不着捡。咋？正是春耕大忙时节，没空。采山菜便成了孩子们的专利，张小花更不用说。上学前，放学后，忙得饭都顾不上吃，十来天，她已为爸妈挣回几百元钱，这个时候，也是爸妈最疼她的时候，小花心里别提多高兴了。

这一天是星期日，小花早早带上镰刀、背篓，又要上山了。她小弟突然要跟她一同去，山高路远，小弟走不快，去了干不了活，反而添乱。小花说："你不要去了。学校收的勤工俭学那一份，姐姐替你包了。"可小弟不听，执意要去。继母脸上不高兴起来："你这当姐姐的，就算他跟你去玩，还能恶心着你吗?"说到这地步，张小花只好带上小弟。平时，她腿快，为了多采山菜，总是一个人独闯。有了小弟，她便和村上一帮孩子结伙，进了深山。

张小花知道小弟平日里娇生惯养，不可能认得山菜，便对他说："你就在这儿老实地坐着，姐姐一个人去采，采回来咱俩平分。"这样，也保准比带上小弟采得多。可是小弟不干："我为什么要分你的!"说着，抓起小篮子，钻入灌木丛。

在一个小岗对面，有一段陡坡，这儿鲜花开得真多，蜜蜂蝴蝶飞来飞去。小弟高兴得手舞足蹈，不小心，脚下一滑，滑到了陡坡下。陡坡上全是青苔绿草，没有石头，滑在上面很舒服，小弟快活得大喊大叫。

谁知，坡下盘着一条大黑蛇，孩子们以为是一块石头，待小弟滑下陡坡，正掉在那蛇身上，蛇"噗"伸直身子，妈呀，有水杯粗，比扁担长。这条蛇被激怒了，尾巴一抖，将小弟紧紧缠住，只露出一个脑袋，蛇身子又一紧，小弟"哇"一声，脸色煞白，嘴张得老大，眼瞅就没命了。结伴而来的孩子们，做梦也想不到会有这么大的蛇，他们"哇"一声，四散逃跑。

只剩下张小花，她喊了声："小弟——"便顺着陡坡滚下去，正砸在大蛇身上，小花就势双手掐住蛇的七寸。她知道，蛇的七寸是它的要害，只要你控制住这个地方，它就得乖乖地听你摆布。可小花掐住了蛇的七寸，却没法摆布它。这家伙太粗，她用不上力，而且，蛇身又硬又滑，刚掐住，蛇头猛一摆，便被它挣脱了。

这种蛇名叫乌梢，无毒，若不是小弟踩疼惊扰了它，它是不会伤人的。这时，张小花掐着蛇的七寸，蛇掉过头来，张嘴就咬。虽然没毒，可那大牙若咬住小花的脖子，也会把脖子咬断!

小花一闪，本能地猛一伸手，戳伤了一只蛇眼。那蛇疼得直打滚，松了小弟，却把张小花紧紧缠住，用力一勒，小花只觉得双眼外凸，五脏六腑一齐往上涌，四肢登时没了力气。

小花想，不能让蛇抓住机会：今儿不是蛇亡，就是我死。刚才救小弟时，怎么不顺手拿着镰刀，砍伤蛇，也许蛇会跑掉。这无毒蛇是人类的好朋友呀，张小花刚闪过这么个念头，那蛇第二次用力，她又险些昏过去。

张小花趁蛇一松劲，准备再勒的一刹那，拼命一挣扎，双手又一次紧抓住蛇的七寸，没有武器，她张口就咬，一口咬下蛋黄那么大的一块肉。顿时蛇血飞溅，那蛇疼得一痉挛，身子一松，张开大嘴，就来咬张小花的脖子。

张小花平日尽穿带补丁的衣服，她入山采菜，更是穿了一件百补千纳的破衣衫，刚才滚下来救小弟，衣衫上翻，衣襟缠在左臂上。

见大蛇来咬，小花急中生智，将缠着破衣衫的左臂塞进蛇嘴，她趁机吐出嘴里的蛇肉，又在蛇的伤口处，咬下更大的一块。蛇痉挛得更厉害了，却不肯松开缠小花的身体。这畜生一用力，张小花眼前金花乱舞……

虽然缠着厚厚的衣衫，张小花的左臂还是被咬伤了，有些麻木。她清楚，死神正向她逼近。但她绝不肯把蛇嘴里的左臂抽出来，那样，蛇也许会咬她的脖子。她趁蛇松口企图吐出左臂的机会，不断把左臂用力往蛇喉中探，这使得大蛇放松了对她身体的勒缠。张小花抓住时机，第三口，第四口……入山打柴,挺粗的木头,镰刀对准一个部位不断砍,也可以砍断,就是这道理。张小花左一口,右一口,便觉得缠在身上的蛇体渐渐松开……自己也身子一软昏过去了。昏迷中,她听到了一声声撕心裂肺的啼哭:“小花,我的好闺女,妈对不住你。你活过来,妈今后好好待你!”是继母。被蛇吓跑了的孩子们回家报信,小花爸去乡里买农药不在家。继母便招呼几个在附近干活的邻居赶到,看到了小花发疯似的将大蛇咬死的情景。张小花在医院住了二十多天,左臂保住了。在住院期间,继母天天陪着她,亲自喂汤喂水,直到出院,母女俩好得比亲骨肉还亲。

如今,张小花又背上书包,领着小弟翻过山岭上学去了。爸妈早已表了态,只要功课跟得上,小花念大学也供。继母说:“我不吃不喝,甚至小弟停学了,也要让俺闺女读书。”

提起咬蛇救弟这件事,小花就有一点后悔:“当时要有个别的法子就好了,那条蛇我不该咬死它,那血气味真腥,一提起来,现在还恶心。”

熊儿大傻

长白山下有个姓高的老冬狗子(离群索居的老光棍),在蘑菇沟一住几十年。由于吃盐、买布得出山拿兽皮、药材等山货去与人交换,老高不闲着叨咕,等老得啃不动苞米棒子了,还是得仰仗大伙送他入土,所以他山外也交下了不少朋友。

这一年夏天,山外来了一位猎手朋友,约老高进山打黑瞎子。老高说,这季节要皮没皮,查踪迹也没有,开什么玩笑?可那人说县长老爹眼睛不好,急着要活熊胆治病,老高只好陪着朋友进了山,也是遇上了狗熊该死的,他们在一处缓坡发现了一只大家伙,张开两只前肢高高地掀起一块石板玩耍,猎人大喜,让老高使劲喊一嗓子,把狗熊吓得一哆嗦,石板落地,狗熊也就暴露出致命点,让猎手顺势一枪,当场打死在那儿了。

老高跑过去一瞅,这是只老母熊,它掀开石板并非玩耍,而是让两只小熊崽儿吃石板下的蚂蚁蛋!其中一只小崽儿只被石板砸死,另一只压在下面疼得嗷嗷惨叫,老高赶紧让朋友帮忙把小熊救出,他回去捣烂些草药给接上断骨,一天三顿玉米糊糊,嘿,小狗熊让他给喂活了!

老高头心底隐约有杀害人母亲的歉疚,他对小熊崽特别好,每天吃饭,这小东西就把下巴搁在他肮脏的炕沿上，眼巴巴地等候主人赏它吃的，老高头把食物抛起来，这熊崽儿后腿站立，转着圈儿接，一接一个准；闲了，主人还教它打滚、翻跟头甚至做鬼脸儿，孤寂半生的老冬狗子从此有了伴儿，他给熊崽儿取名“大傻”，走到哪儿领到哪儿，朋友们取笑他：“老高头，你咋生出个带毛的儿子?”老高头无限怜爱地抚摸着熊崽的项毛：“别看我这儿子带毛，你给个多么光溜的，咱都不换!”

这一人一熊就处上了感情。那熊崽子白天可以爬山头拱树林子，到了夜里，却赖在屋里不出去，老高头连踢带推，它丝毫不动，没办法，只好让它在屋里睡，搞得室内臊气哄哄，山外偶尔有朋友过来，也不愿意进他房里坐，这正合了老高头的意，他恰好不愿意生人进他的屋。马架房是倚山势挖进去，前面朝阳，有墙，后半截几乎埋在土里，图的是冬天暖和。狗熊入冬要冬眠，老高头就把后墙根掏进去一个大洞，秋后把大傻喂得不能再饱，然后送进大坑里冬眠，这段时间，老头子少了伴儿，就觉得没抓没落的，经常到山外耍钱，十几天不回来。

第二年，大傻长到一百多斤了，站起来比主人都高。以前老高头夏季钻树林子采山货时担心遭遇野猪甚至老虎等猛兽，现在有了大傻跟随，胆子壮了，没有他不敢去的地方。这大傻鼻子耳朵特别好使，几里外有猛兽出现，它都会立即发出警报，这样，老高头获得的山货比往年多出几倍，想不到这大年纪，没娶上老婆，倒先有了儿子，老高头好不得意!

山货攒多了，老高头就带着大傻去山外赶集，他自己不算，还捆了几十斤重物绑在大傻身上，“爷儿俩”一块上路。这傻东西任劳任怨，也不管天有多热，呼哧呼哧地跟在主人身后奔走，集市上的人们见了这怪物，先是吓得四散逃开，待弄清楚是老高的“儿子”时，又争先恐后地围上来，你赏个烧饼，他抛块猪头肉，大傻来者不拒，吃得是怪态百出，把赶集的笑倒一片，哪个曾见过狗熊给人扛活儿打工的?

老高头不养牛马等大牲口，家中的鸡和鸭子却养了一大帮，开春后从来不喂，由着它们自由出入，隔一两天，老高头就挎着榆条筐围着马架房转圈寻找，从草丛中拣鸡蛋，有些母鸡下了蛋，就在外面孵，过些日子，就领着鸡崽儿回来……老高头的鸡蛋鸭蛋一腌就是好几缸，过去是他与黄皮子、狐狸资源共享，这些小野兽跟老高头轧邻居，馋了就捕食邻居的鸡鸭，老高头见怪不怪，反正他究竟有多少鸡多少鸭，自己也不清楚。但是，有了大傻，情况就不同了，这狗熊崽子每天早晨或傍晚，总要威风凛凛往草屋前一站，抻着脖子吼上几声，嗬，小野兽们吓得屁滚尿滚，全躲得远远的。高老头乐得抱着“儿子”在地上打滚：“你瞅瞅咱爷儿俩这缘分，你帮我看住了多少鸡和蛋，咱爷儿俩得有福同享。”把鸡蛋囤子指给大傻看，让它随便拿着吃。你说也真是奇了，傻东西仿佛知道主人也不容易，每天也就是吃上那么三两个，吃完了，就是主人不带它上山，它自己也进树林里打食儿。别看它那么笨个身材，打猎还真是把好手，常常咬死鹿或者狍子，吃完内脏，把肉给主人扛回来，老高头院子里晒得肉干总也吃不完。有一个大雨天，老高头仰在炕上睡懒觉，那大傻水淋淋地从外面回来，它会伸前爪开门，开了门，拿鼻子哼哼着朝老高头撒娇，老头被它缠不过，披上椴树皮蓑衣跟着它进了山，原来这家伙看到了一架鹿角，足有三十多斤重！老高头回家狠狠地赏了大傻一顿好吃的，嘴里骂道：“你它娘的哪里是熊瞎子，简直是猎狗！”

渐渐的岁数大了，朋友们劝老高头搬出山居住吧，遇上个头疼脑热的不好办呀。老高头自豪地炫耀：“别说我这身板儿硬得铛铛的，就真有个三灾八难，我那傻儿子驮也得把我驮到郎中跟前，你信不信？”

大傻三岁那年，往哪一耸，就俨然是只大黑瞎子，那么个庞然大物，老高头叫它趴着，它决不坐着，听话着呢。老头喜欢了，就让它打滚翻跟头逗主人开心；烦恼了，就拿脚踢它那棉花套似的脊背发泄。大傻呢，你高兴，它也高兴；你发火，它还是高兴！气得老高头骂：“你咋就不知道个好歹呢，一副贱兮兮的奴才样子！”骂够了，就搂着大傻哭：“方才是亏待你啦，躺下，我帮你挠痒抓虱子……”

别看老高头没什么钱，那日子是肥得流油，馋得街市上一些女人眼里差点伸出小手手来，但就是受不了老头身上那股味儿，又耐不住独居深山的寂寞，因此也只能背后地里咂吧嘴儿。这年初春，有个从营口那边流浪过来的女人，在街上租间小房，给人家缝补衣服勉强糊口。有好事的朋友见她无依无靠，就商量，你嫁给老高头算了，他那儿荒凉是荒凉，可就是不缺吃的。女人说，只要他不打我，别饿着我就行。朋友们哈哈大笑：“他亲还亲不够，怎么舍得打你！”一串通，两下看对了眼，妥了。老高头扯了够做一套新衣衫的花布，又添置上一套被褥面儿，就把女人接回了马架屋。女人一下子掉进福坑里，欢喜得整天嘴儿合不上，把小家收拾得利利整整，一日三餐伺候得舒舒服服。老高头从来没享受过这样的温暖，那真是媳妇要星星不带给月亮的，没过半月，几十年攒下的那点家底儿，全部告诉了心上人儿……

二月二那天晌午，老高头喝上点烧酒，脑袋晕乎乎的，就头冲里仰躺在小炕上，很快进入了梦乡。陡然觉得哪地方不得劲儿，醒来已经晚了，脖子上被勒了一道绳子，并且越勒越紧，他想喊媳妇问问咋回事儿，可喉咙勒得出不了声；想伸手去扯那绳子，却抬不起手臂，只剩下两条腿死命地往炕上扑腾，后来，终于失去了知觉……

老高头恍恍惚惚觉着自己从小院里晃了回来，他闻到一股热烘烘的气息直呵他的脸，这气味既讨厌又亲切……睁开眼一看，天已薄暮时分，大傻两只前爪趴在他身边，把土炕都压塌了……他挣扎着爬起来，好半天才明白刚才发生的事，要置他于死地的，正是半月来躺在他怀里亲不完爱不够的营口娘们儿！现在她倒在窗外，脸上血肉模糊，身上被大傻抓露了骨头，已经奄奄一息。不用说，这女人是想谋害老高头，趁他昏睡时先将绳子套在他脖子上，然后将绳子从窗户递到外面，她去窗外，手扯绳子，脚蹬墙皮，拼命地勒，屋内的人想反抗又抓不住凶手，行凶的人不受干扰，越勒越紧……也就在这千钧一发的关头，正在冬眠的大傻被主人踹炕的响声惊醒，钻出洞来救了主人！

老高头伤心已极，他愤愤地责问那心狠手辣的女人："我待你不薄呀，你为什么要我的命？"

那女人哭了："我没打算要你的命。我就是想把你勒昏，然后绑起来，为的是逼你说出那块砚台藏在什么地方，我里外收拾了这多天，始终没发现它的踪影……没想到，正勒得起劲，不知道从哪里窜出来这野兽……"

"放屁，你才是野兽，它是我儿子！"老高头狠狠踢了女人一脚，"你说，你是干什么的！"

女人说，她是日本人，从营口一路追寻到长白山，又舍身靠近老高头，就因为经明察暗访得知他藏有一块砚台，她冲着那东西来的。

"你能告诉我那砚台现在何处吗？"女人问。

"知道了底细，你可就活不成了。"

女人凄凉地一笑："我都让狗熊祸害成这样了，原本也不打算活了，你别让我带着疑问死。"

"那好。"老高头告诉日本女人，当年八国联军攻入京城，慈禧老佛爷仓皇逃离，老高头的叔爷在皇宫当太监，乘乱从宫中盗出一块松花石御砚，交给了在长街卖冰糖葫芦的哥哥。这块松花砚非但是稀世珍品，且为皇家专用的，民间谁敢拥有，那犯的是抄家死罪呀。于是，老高头的祖父就带着全家人闯关东，为的是保存这无价之宝。也不知怎么，走漏了风声，高家人遭到黑道人一路追杀，百计难脱……祖父这时如手捧刺猬，拿不得，扔不得，就安排全家分散行走，到长白山下聚齐。可怜最后只剩下老高头一人到达终点，估计全家人都惨遭毒手。黑道上的人无论如何也想不到，那块无价之宝竟然会藏在还淌着黄鼻涕的孩子身上！

日本女人从短暂的昏迷中醒来:“能让我最后看上一眼吗?”

“不必了。”老高头摇摇头,“你个外国人,看中国的东西有啥用?我实话告诉你,我把那宝贝送给了抗日的杨将军,希望能卖掉它,换钱买武器。杨将军说,这国宝现在不能出手,他会想办法找个地方保管起来,我也不知道它的下落了。”

当天晚上,那日本女人就死在了小马架房里。

老高头搬出窖藏的酒,当晚,把大傻都灌得大醉,狗熊耍酒疯,把那铺本来就塌陷了的土炕坐成了一堆泥!

也就是这年秋天,日本人闹得更凶残了,他们漫山遍野搜索抗日武装进行剿灭,可所到之处,又常遭受抗日联军的沉重打击,最后,由日本人和汉奸共同谋划,实行“归堡子”政策,就是把小村屯的住户强行迁聚到较大的集镇和县城,所遗房屋烧掉,这样,抗日武装在北方漫长的冬季就找不到粮食、补给,甚至连休息的地方都没有,从而丧失战斗力。

也不知是哪个嘴贱的走漏了消息,警察署八个人来到蘑菇沟老高头的破马架房前。其中一个日本人是副署长,老高头知道,这副署长比正的说话还管用,连(伪满)“皇上”都得听日本人的,这不明摆着的理儿吗?

“太君问你,前些日子你搬运过来大量的食盐、布匹,干什么去了?”翻译替日本人问老高头。

“瞎传话哩。”老高头一脸委屈,“我买盐是腌蛋过冬,根本没有买布的事儿。”

“八格!通匪的死了死了的!”日本署长破口大骂,并指挥伪警察放火烧老高头的破房子。

老高头一下子蹦起来了:“通匪,我通你们了吗?到底谁是匪,谁不老实在家待着,跑人家国家来又抢又夺的!”这老高头其实是抗联的支持者,他辛苦劳作的果实,大部分都暗地里供给了抗日联军,他的小屋冬天可以留伤员养伤,不知救活过多少战士。这回知道即使跟着鬼子“归堡子”,敌人也不会放过从他口中获取情报的机会,老高头怕疼,担心顶不住严刑拷打,决意一死了,他扑上去就给了日本署长一个嘴巴子!

日本人在东三省骄横无比,都是他们打人、杀人取乐,什么人敢打他们的嘴巴?这鬼子一发怒,抽出刀来,斜劈在老高头肩膀上,老高头倒在了血泊中!

也就在这时,从树丛中窜出一只大黑熊,那就是老高头当儿子看待的大傻,它亲眼看到拿刀的家伙劈了“老爹”,嘴里发出一种骇人的惨叫,腾空而起,恰似一片乌云,凌空落下,前爪一伸,将日本人扑倒在地,伸出大舌头一舔,那不可一世的日本署长被舔掉了多半张脸,两条腿蹬了几下,就一命呜呼!

除去那个副署长,到场的都是中国人,眼见那狗熊都知道护着主人,许是受到了良心谴责,并没向大傻开枪,发声喊,纷纷逃窜,半路上编好了瞎话,把狗熊夸张成了一群,回去跟上司报告,谎说是署长开枪打伤狗熊,惹怒了一群狗熊,才给开了膛。

日本当地的驻军长官听说出了这样的奇事,火速带兵赶赴蘑菇沟。鬼子兵把老高头的草房围住,并架起了机枪,日本军官拿望远镜观察,就见草房外的土地上坐着一只大狗熊,守护着面前的一具尸体……鬼子朝天鸣枪,狗熊纹丝不动;强迫押解来的老百姓向前试探,说是狗熊死了,鬼子军官哪里肯信,下令乱枪齐发,那狗熊中枪后身子一侧,倒在了老高头的尸体边。鬼子兵冲过去,这才发现,那大傻身躯洞穿多处,却不流血,它确实已死去多时……谁也不知道大傻是怎么死的,难道它是因主人遇害,伤心过度?

日本人只能把草房点燃后,抬着副署长那被吃得支离破碎的尸体,撤离了蘑菇沟……

抗日战争胜利后,人们再来到蘑菇沟,老高头和熊儿大傻倒在一处,烂得只剩下一堆骨头。他生前的朋友把人与熊的骨头合葬在一口棺材里,当地政府在这儿修了一座坟,碑文刻着:抗日烈士高文财、熊大傻之墓。除了极少知底细的老人,都以为那熊大傻是个人名……

帅克和它的小主人

长白山区的大黄沟里有个小屯叫蘑菇屯，十几户人家有户姓毛的户主叫毛老大，毛老大有一个13岁的女孩叫小多。咋起这名？毛老大盼儿子，烦闺女。按说只一个孩子是男是女也该疼爱，可这里头有段缘由。

毛老大独苗一根，因为成分不好，一直没成家，粉碎“四人帮”多年后才娶上媳妇，他已30大多岁。妻子怀孕后他欢天喜地，只道毛家香烟有接续了，谁知孩子一生下来，却是女的！这倒其次，妻子难产，做的剖腹手术，医生说，此后不能再怀孕，否则性命难保。毛老大想，自古以来都讲究保儿不保母，只要生出儿子来，以后就好办啦，他把希望寄托在第二胎上。哪知道，还没等到老婆怀第二胎，她上山捡蘑菇淋雨着了凉，死了。找到个算命的一算，说是你的女儿命硬，给她妈克死了。就这样，毛老大恨女孩断了他家的香火，才叫她“小多”，意思是多余的人。毛老大整日里唉声叹气，借酒消愁，说自己属骡子的，是一辈儿人啦，活着没意思，挣钱没意思。对小多也是说打就打，说骂就骂，孩子饥一顿饱一顿长到上学年龄，连个名都不给起，就叫毛小多，惹得同学们总拿她名字取笑。小多知道自己没人疼，背地里眼泪也不知淌了多少。

小多长到13岁，个子又瘦又小，脑袋上长满秃疮，黄头发就那么几缕缕，毛老大更烦了，“要出息个人样儿，备不住还能招个养老女婿，就这德性，谁要？”正好小多小学毕业，尽管她总是考“双百”，毛老大还是一句话：“甭念了。回来帮着干活！”

小多只好停学，采山菜，挖药材，一年不少挣钱，毛老大脾气才稍稍好了点儿。小多身在山里，心恋着学校，她偷偷向同学借来课本，闲下来就自学，那数学自学起来困难，特别是英语，不会发音，为此，小多又哭了不知多少场。

这一天中午，小多从山上挖药材回来，看到老张家篱笆外扔着一条小狗，这小狗不到一尺长，浑身长癞，正睁着泪汪汪的眼睛，有一口没一口地倒气。小多想，这小狗比我还可怜，它也是条命啊。就小心地拿起放在筐内，怕叫父亲看见，偷放到自己屋里，找件破衣服裹着，藏在被子后头。

吃饭时，她喂了小狗几口米汤，它小嘴动了动，还真咽了下去；晚上回来，看那小狗，居然没死，小多真高兴啊。

小多从山上采来草药，熬了水，替小狗洗伤，过了半个多月，小东西身上的烂疮都长出新肉。这狗儿又乖又灵，见了小多，又跑又跳又打滚，给小多苦涩的生活增添了不少乐趣。

转过年，小狗长出一身缎子似的黑毛，身子也快有二尺长了，小多上哪儿它跟着上哪儿，寸步不离，夜里，它看小主人躺下，就伸舌头去舔她的头，舔得小多胳痒，却很舒服，便任它舔去，没过多久，小多头上的秃疮竟结痂长肉，生出一头浓密油亮的黑发来。

小多15岁那年，出落成苗苗条条的大姑娘，从人前走过，邻居们都夸：“这姑娘！”那小狗长成大狗，足有炕沿高，小多说：“怎么也得给它取个好听的名字，别像我。”就给它取名叫“帅克”。

这一年初夏，树林子刚“关门”（北方树叶子长大能藏住人了叫关门），小多去山上挖药材，走得远，药材很多，她越挖越来劲，不由得哼起歌来。

正哼着，前面“刷啦”一声，吓小多一跳，一个破衣烂衫的年轻汉子出现在她面前。这人头发又脏又乱，胡子挺长，他愣了半晌，问：“小妹妹，这边翻过去叫什么地方？”

原来是迷路的，听口音也知道是外地人。小多说：“不能再往里走了，里面是原始森林，进去就出不来。”

青年汉子点点头，又好奇地翻看小多筐里的药材，突然，他扑上来紧紧地搂住小多，把她压倒在地，伸手拽她的裤子。

15岁的小多只知道害怕，她拼命挣扎，如何摆脱得了对方那铁钳般的手！正在危急中，就听那汉子“嗷”地一声尖嚎，手松开了！

小多爬起来整整衣衫。原来是帅克救了她。帅克一般不咬人，发怒了也只是低吼，这回看小主人遭欺负，它窜上去一口死死地咬住那汉子的屁股，再也不肯松开！

汉子疼得“嗷嗷”叫，想反手去打帅克，可是够不着，挣扎了半天只好放声大哭：“小妹妹饶命，我多给你钱！”

“给钱？你是坏东西！”小多看那坏蛋不能动弹，心想，怎么抓住他呢？回屯里喊人？太远。忽然灵机一动，抓过抠药的小镢头，照准汉子的脑袋猛敲几下子，坏蛋不会动弹了。

小多找来树藤，把坏蛋像捆柴火一样地捆住，然后吩咐帅克：“回去喊人来。”帅克摇摇尾巴，又看看捆在地上的坏蛋，一溜烟儿钻进树林子。

小多手握小镢头，盯住地上的坏蛋，对方醒来，刚一动弹，她几镢头又把他打昏过去，乡亲们赶来时，她已把坏蛋打昏过好几次。要不让他醒来，挣开藤子，她可就没命了！

乡邻们七手八脚，重新捆好那坏家伙，一搜身，妈呀，歹徒有一支短枪，几十发子弹，他内衣贴身缠着的都是百元大钞，有四万多元！

经公安人员审讯，这人原是关内某厂工人，杀人抢枪，又抢了储蓄所，然后逃走，他分析，公安机关肯定会判断他南逃，因为那边越境的可能性大，所以他反向北方逃窜，躲避警方的堵捕。歹徒看到小多，突起歹念，没想到全副武装，栽倒在一条狗手里。

上级奖励，乡邻夸奖，毛老大也受了感动："孩子，爸对不住你，你要是乐意上学，就上去吧。"小多一头扑进父亲的怀里，许久，"哇"地一声哭出来……

从此，毛小多改名毛翠翠，又成了一名中学生，帅克仍是寸步不离地跟随左右，它甚至得到特许，可以进入教室，依偎在小主人身边，它和小主人的照片还上过省报呢。

舍命救熊王

长白山的大山里有个叫黑瞎子沟的小村子，村里有个16岁的少年，叫刘如刚。小刘在乡中学读初一，要翻三座大山，于是他只好在学校住宿，逢大礼拜才回家，看望与他相依为命的父亲，顺便捎些吃的。

这天又是周末，学校有个小会，刘如刚很晚才回到家。一看，爸爸不在家，锅里给他留着饭。小刘想，爸爸又去赌麻将了。他吃过饭，收拾好屋子，作业也写了好大一阵子，爸爸还是没回来。实在困得扛不住了，小刘昏沉沉地进入了梦乡。

一觉醒来，天已放亮。刘如刚发现，爸爸回来过，但是又走了。什么事这样下力？不像赌麻将。小刘猛地想起，大概下套子打猎去了！刘如刚吓出一头冷汗：上头严令禁猎，已经好几年了，如果再杀害野兽，破坏生态平衡，这可是犯法的事呵。他赶紧下地，到外面一瞅，坏了，爸爸一直匿着不肯上缴的钢丝套子一个也找不见啦！

小刘爸爸曾是黑瞎子沟最有名的猎手，专捕大野兽，尤其是捉黑瞎子，功夫非常了得：他能根据狗熊的脚印、粪便判断公母、大小，凡让他瞄上的狗熊从没有逃生的。山民们给他起了个外号叫：山大王。刘如刚曾经十分佩服爸爸,把他当作英雄。可如今打猎是违法行为,怎么得了!小刘料定爸爸昨夜肯定是进山下套子,今早又去遛,不知哪只无辜的狗熊又在劫难逃了。

刘如刚抄起一把刀锯,进了山。他要说服爸爸,不能干傻事。妈妈十年前生病走了,只剩下爸爸屎一把尿一把地将他拉扯大,多不容易啊。小刘爱爸爸,他不能眼睁睁地看着爸爸犯法。

早春三月,山外原野已经可以看到星星点点的绿意,但黑瞎子沟的深山老林里,却是积雪未消。冬眠刚刚醒来的狗熊,从巨大的枯树膛里爬出来,肚皮饿得紧贴后背,它此时急着觅食充饥,又加上蹲了一冬仓,外面的事忘得精光,最容易上当,这还是小刘听他爸爸说的。进入森林不久,小刘就发现了一个人的脚印,从大小和步伐,刘如刚可以断定是爸爸的。他更紧张了,爸爸果然干他最担心的事来啦。加快步子,顺着脚印找了一个多小时,他发现,雪地上有拖得很宽的印迹。不好,有狗熊中了套子!爸爸下套子,说来也够狠够毒:小兽不套,专捉老虎、狗熊;爸爸下的是活套,活套才能留下这样的拖痕。一只狗熊中计了!刘如刚大脑一片空白,他机械地顺着印迹撵下去,他必须赶在爸爸动手之前。

撵了一阵,奇怪呀,拖痕不见了,只有一只很大的熊后腿直立行走的脚印。难道爸爸这一次失了手,让熊把套子弄断了?那可真谢天谢地。但是不对。下活套,是最绝的狩猎方法:野兽中了套,力气是很大的,它要不顾一切地挣扎。这样,钢丝绳虽硬但脆,极易扭断;所以打猎的不把套子拴在树上,而是砍一截木头,让中套的野兽可以拖着走,消耗它的体力,待它的体力使尽了,这时再生擒活捉。眼下,套子如果断了,应当看到钢丝和木头啊,为什么没有?小刘满怀狐疑地又撵了一阵,他看见一棵高高的大柞树上吊着一只大黑熊,脑袋冲下,四爪乱蹬!

狗熊怎么会吊到树上呢?原来,这只熊很"聪明",它中了套子,拖拖拉拉走起来不得劲,干脆,使两只前爪扛起那截木头来,后腿像人那样站着走,这样可不省劲多了。它走了一会儿,觉得还是把那木头弄掉才好,那棵树上长着两个大杈儿,狗熊扛着木头爬上大树,笨东西企图从杈这边纵到杈那边,这样就可以把木头永远甩掉,谁知熊和绳子过去了,那截木头却过不去,大熊被吊在了树上,绳子勒在熊的当腰,必然大头朝下。

小刘叫声"不好!"手持刀锯冲了过去。狗熊见来了人,更加乱蹬乱抓,稍让它碰着一点,不死也得重伤!刘如刚近不了前,这可怎么办?刘如刚知道,狗熊不能任它在树上,那样除了吊死之外,就是吊得越长,它脾气越坏,眼睛红了的时候,任何人救它不得!刘如刚还知道,他的"山大王"爸爸肯定发现了这只黑熊,只是他没办法将这大家伙弄下来而已,他是想别的办法去了。接下来狗熊就要送命!

时间容不得刘如刚多想别的,现在是如何把勒在黑熊肚子上的钢丝绳子解开。急了眼的狗熊这么凶,谁敢近前呀。小刘一看,有了,大柞树旁边长着一棵水曲柳,他用牙叼着刀锯,爬上了水曲柳,又纵身一跳,就站在了大柞树的杈巴上。他拿起锯,"噌噌噌"……他要锯断树杈巴,让狗熊掉到地上,然后再想办法救它。

山里的孩子使个锯什么的那真是小菜一碟。刘如刚很快把大树杈锯到一多半,正当他要长舒一口气的时候,锯却拉不动了,原来夹锯了。锯木头这活儿,要先在吃力的下方拉一道口儿,然后,再拔出锯,去相反的方向拉,尤其是遇上压力的时候,不这样做,就得夹锯,再也拔不出来的。小刘光急着救大熊,忙中出错,竟忽略了这一点。

那只熊已经折腾得没有了一点力气,吊在树上一动也不动。锯拿不出来,可怎么办呢?小刘知道,他爸爸肯定找凶器去了,只要他回来,这只熊就没命啦。他来不及多想,滑下树来,飞快地往家跑。

刘如刚跑到家中,找来一把镰刀,返回来时,爸爸没来,狗熊还在树上吊着。它又挣扎过一阵,身上碰破了,有几处滴嗒血。这么聪明、可爱的大熊受伤，他又急又痛，举起镰刀，“叭叭叭”一阵猛砍，手很快磨出了血泡，血泡又破了，紫红色的血水流了出来……

“咔嚓”一声，大树杈断了，刘如刚只觉得天旋地转，身体失去平衡，连人和那枝断了的树杈一块儿摔到地上，疼得他昏了过去。狗熊也“咚”地一家伙掉在地上，摔得直哼哼。小刘醒来，见大熊坐在地上没动窝，不由又惊又喜。这东西要是跑了再爬上另外一棵什么树，那可就麻烦啦。它的性命还在爸爸的手里捏着呢，得赶紧给它把钢丝绳解开。可是，这么凶的家伙，眼珠子都红了，怎么个近前法呢？

小刘顾不得自己了。他对大熊祷告说：“我是要救你的，你可千万不要伤害我呀。那样，咱俩都没命啦。”祷告完，他不顾一切地靠近大熊。

说也真怪，那大熊见小刘来救它，一点恶意都没有，反而连眼睛也眯起来，一副温驯样儿。小刘用尽力气，才把勒进大熊肉里的钢丝绳扣解开，他累得一头扎在大熊身上……大熊也真懂人事儿，它小心地伸出大爪子，轻轻地拍着小刘的后背，像哄小孩睡觉。

这时，只听树林外“刷啦啦”一阵乱响，钻出两个人来，一个细高瘦长，贼眉鼠眼；另一个正是小刘的爸爸山大王。这俩人每人手里各端着一支双筒猎枪！

山大王冲着儿子高喊：“小刚，快躲开，别伤着你，我要开枪了！”说着，举起了猎枪！

小刘知道，爸爸的枪法百发百中，要是让他得到放枪的机会，那刚才冒的危险可就白搭啦，他的父亲也会因为犯法走进监狱。绝对不能！小刘心一横，将身子紧紧贴在大熊的肚子上，扭头对爸爸喊：“爸爸，不能开枪，这只大熊通人性呢。”

“再通人性，它也是畜生，你快闪开！”

“爸爸，别，这可是犯法的呀！”

儿子这样一喊，山大王犹豫了，他垂下手中的枪，向那个瘦高个儿说："让这小子坏了大事，不吉利。要不，拉倒吧？"瘦高个儿两眼一瞪："老刘，怎么啦你？你们家谁是家长，谁是儿子？我可是付了钱的，你掂量着办。"

山大王因为赌博，欠下了这瘦高个儿一大笔赌债，双方商定由山大王猎一只熊作为抵偿。瘦高个儿是个不法商贩，专门非法收购珍贵动物的皮、骨，偷运到国外去发横财。他知道山大王狩猎的工夫超乎常人，就故意拉他下赌场输了钱，再逼他重操旧业，成为其发财的工具。好容易猎到一只大山货，这奸商岂能让刘如刚坏了他的好梦？他把手一挥："老刘，快让你儿子闪开呀，跟熊瞎子抱在一块儿，太危险了！"

山大王听到这话，又举起了枪。他对儿子喊："好小刚，听爸这一回，你闪开，最后一次，咱欠你这位大爷5000元钱，爸也是没办法呀。"

小刘算是铁了心，他搂住大熊就是不放："爸爸，你不要听坏人的话。我明天不上学了，在家帮您干活挣钱还他的债，就是不能伤害这头大熊。开了枪，要进大狱，留下我一个人怎么过呀。"

山大王也知道上头严厉打击非法猎取珍稀动物，但5000元钱也有极大的吸引力，他不能错过这机会。为了不惊动山民们，他半夜进山下套子，天不明入山遛套子，发现了吊在树上的大熊。打了半辈子猎的他还没见过这样的怪事，也没了主意，赶紧跑回去跟那不法商贩说。那小子给他打气："你甭担心，它不是吊住了吗？再好不过。实话告诉你，我私藏了两支上好猎枪，咱把那家伙解决了，一切不用你管，还送你一支枪。你看怎么样？"两个人这才取枪，偷偷绕出山村，来杀大熊。

儿子说的也有道理，山大王手中的枪无论如何就是举不起来。那不法商贩急了，"咔嚓"一声，拉开枪栓："我打。"他摘下帽子，尖叫一嗓子，等大熊被吸引过注意力来，帽子高高抛在半空。

好一个狡猾凶狠的家伙！他抛起帽子，大熊果然中计，它推开小刘，

"呼"地站直,去看天上飞的是什么东西,这样,它前胸一团白毛就暴露在奸商的枪口下。这是熊的要害,只有打中这儿,它才必死无疑。几乎与此同时,奸商的枪响了!

也是大熊不当死,就在一直立的同时,它后脚一只踩空了,身子向后一仰,这一枪打偏,伤在大熊膀子处!

猎大兽自古以来就被认为是最危险的行当。它要求必须一击毙命,否则,受伤的野兽比平常更凶狠十倍,猎者休想活着回去。尤其是熊,这东西生命力特强,你就算把它肠子打出来,它也可以用前爪塞回膛里,照样袭杀仇敌!奸商一枪打偏,吓得魂飞魄散,没等他转身逃跑,那受伤的熊挟着一股冷风,就如同闪电一般,直扑奸商,伸出它那红鲜鲜的大舌头只一舔,奸商连"救命"都没来得及喊出口,就倒在地上,他那张刀条子脸一多半被舔得没了肉,露出白花花的骨头!

眼看要出人命了,小刘急中生智,大喊一声:"老黑,停下来!"

真是天大的怪事,大熊听到小刘这一嗓子,竟不再咬它的仇敌,而是规规矩矩地站住,朝着小刘行注目礼。山大王扔了枪,"扑通"跪在雪地上,嘴里不住念叨:"熊王有神有灵,别怪罪小民无知,以后再也不敢啦!"

这时,就听一声:"不许动!"从四面八方围上来5名森林警察……

山大王跟那个不法商贩勾勾搭搭,早被乡邻们发现,报告了森林派出所。民警们正到处搜索,林子太大,一时无法找到,多亏奸商的枪声报了警。

不法商贩因多次猎杀、贩卖国家重点保护动物,罪大恶极,被当地林业法院一审判处死刑;山大王因是初犯,又属于中止犯罪,又有他儿子舍身救大熊的功劳,考虑到他家的实际情况,法院将其批评教育后释放。

山大王这下子可吓得不轻:"妈呀,谁规定的王法,杀几只野兽还要搭上条命?儿子,你是从哪儿知道这么大的道理的?"

刘如刚说:"老师讲的。"

山大王长叹一声："还得要读书啊。孩子，要不是你，老爸早进监狱啦。从今以后，爸要多学点法，还要挣钱，供你读书，你念到哪天，我供到哪天。人没文化还不如野兽呢。"

据说，小刘救的那只熊，真叫山大王说对了，它确实是那一带的熊王。自从那次遇救之后，它和小刘结成了好朋友，每当刘如刚上学或放学，那大熊总是老早地等在他必经的路上，陪他直到来回的村口，就如同上下班一样！

教教你卖傻

发现情况有些不对时,张宝贵感觉已经有些晚了。他在这红光小区收破烂的历史超过两年,没这么被动过,他是个很有经验的“老废品”,此处几千居民,哪幢楼哪个单元大体上该有多少破烂,他心里掌握个八九不离十,然而最近干吆喝喊不上货来。怎么回事?这一天他撞上一个年轻女子,刚刚从这儿拉走一车破烂,张宝贵明白过来,原来是这女人把他老张的主顾都给拽了去!再细打听,人家的喊法不同。张宝贵喊“收破烂——”,那女子喊“废品换钱——”,一种意思,两样效果,人家那话吉祥,比破烂好听多了。

张宝贵直抽自己脑袋,咋就不多转几个弯呢。经过反复琢磨,他也把揽生意的词儿改了,比那小女子更有进步:“废品换钱,清洁卫生——”,听听,吉祥而且时尚。然而,在这一带吼唱了好几个来回,张宝贵的那点收获还是寥寥无几,这样下去,他一家三口要生存下去还真成了问题。

那小女子收购的价码跟他没什么出入啊。同是规规矩矩做生意,那为什么对方的三轮车总是满满登登,而他张宝贵的收获日益减少呢?张宝贵冷静下来一琢磨,时间有问题。对方比他起得早,抢先拉拢了主顾。

张宝贵决定在这小区跟对手过一下招。张宝贵不只这一处根据地,第二天，他舍近求远先到这儿开工，比对方早一小时，高声唱着那改良过的新词儿从小区穿过。他的歌声确实引得许多扇窗户为他打开，不少脑袋探出来好奇地观望，但是，观望归观望，只是没有接他茬的。

这就奇了怪啦。我编的叫卖歌儿比那女子的更新颖、更耐听，你们倒是下楼捧我的场啊。正烦恼着，那小女子按她自己的钟点到来，轻轻一声“废品换钱”，就听到楼上不断有人喊：“来了——”没多大工夫，成捆的报纸、纸盒拎到了三轮跟前……

张宝贵眼睁睁地看着对方风风火火地过秤、付钱，一点办法也没有。这时，6楼某个窗口又有个老太太伸出头：“收废品的，待会儿你上来趟。”别看得爬到六楼，那好歹也是生意啊，张宝贵赶紧脆快地答应了一声。哪知道老大娘把头一摇：“我不是叫你，是喊她呢。”这时，小女子直起身来，朝半空笑笑：“大妈，知道了。”

真是邪了门！你说一点废品，又不是洗脚按摩做发型，谁买走还不一样，怎么会挑拣着卖。张宝贵造了个大红脸，忙活一大早上，白给人家打了场子。他干脆闪在一边，冷眼看那小女子忙活。看了一阵，让他看出门道来了，这女子傻！

其实，这废品收购说道很多，比方同样是纸，报纸、书刊、纸壳子价钱大不一样，贪便宜的人把纸壳子夹在报纸里，价钱差好几倍呢。张宝贵这些年练就了硬功，谁想使“夹馅”的小把戏，休想瞒得过他，当场将其挑出归类，这才叫童叟无欺。像小女子这样，花报纸钱买纸壳子，岂不是出力白赚吆喝？怪不得她生意好，人都冲的她是个外行。张宝贵由忌妒变成了同情，等旁边没别人时，他悄悄过去提醒：“妹子，收破烂赚点钱不容易，你得长个心眼，你看这捆这捆这捆……不信你打开看，夹着纸壳和废纸呢。你身子这么单薄，不能白给他们使唤，这些居民哪个也比咱们有钱。”那小女子有些诧异地看了张宝贵一眼，点点头：“谢谢了。”

张宝贵不咸不淡地跟小女子同在一小区做生意,过了好久,尽管他付出许多努力,可生意越来越差。

这天,张宝贵的运气差得不能再差,天黑时,只赚了20多块钱,他拐进一家药房,买了一点药,又在一个粮摊称上10斤最便宜的大米,然后,垂头丧气回到租住的小平房。

他的媳妇祝玉花躺在被垛上喘粗气,一见男人冷着脸回来,居然紧张得不再喘了,挣扎着要下地做饭。张宝贵一把按住:“媳妇,我不是拉脸子给你看的,今天有点累。你先把这药吃了顶一阵儿。”看着媳妇就着自来水喝下药片,张宝贵眼泪哗哗直流:“你说你什么眼神儿,怎么就看中了个我。媳妇生病连医院都住不起,靠你吃药维持,我真愧为男人……”

“宝贵,说什么呢。”媳妇赶紧要来捂宝贵的嘴,“我嫁你图的就是心里舒坦,你待我这么好,我临死也得带着笑容离开。”

正说着,有人敲门。张宝贵打开门,呆住了,门口站着他的对头,就是那生意上顶得他喘不过气来的小女子。“你……怎么找到我家了呢?”

“大哥,我找了好几天了。”那女子声音哽咽,原来她已站在门外听了半天,“我尾随你,是想拿好话跟你商量,你一个大男人,只当可怜就把那小区让给我吧……”

“妹子,你一定是遇上了啥难事,直说。”张宝贵硬装男子汉,可说话的底气一点也不足。

“有难事,我遇上了一个比我还笨的对手。你知道为什么竞争不过我吗?”

张宝贵惭愧地摇了摇头。改进了人家的吆喝方式,提前了人家的作息时间,可就是越弄越差,真让人糊涂。

女子笑了:“你人挺善良,却并不聪明。你急着学了我的表皮,根本没抓到实质,那是我费了多少心血才研究出来的一套路子,现在我把窍门告诉你。”

女子说，她的吆喝法确实比同行们喊“破烂”更容易被居民们接受，这只是一点皮毛。她把小区居民的作息情况研究得十分透彻，周一到周五，她选在上班族起床吃饭的时候到来，然后，等待晨练的老年人回来时，恰好有生意，这一点挺重要。

“上班的不会趁那点时间卖破烂吧？”张宝贵有些不解。

小女子说，可上班的跟咱们没职业的不一样，早晨都赖着不爱起床。张宝贵抢在前面把他们吵起来，人都有意见了，怎么会支持你生意？到了周六、周日，她去得特别晚，那种时候，几乎专对上班族来的。因为，一到周日，上班族喜欢打扫卫生，这时候，破烂特别多。

有道理呀，张宝贵眼前一亮。

早着呢。小女子意犹未尽：“我不说便罢，开了头就得说透彻，我得教会你卖傻。”

她说，自己也观察着张宝贵，发现了他的欠缺。别看老张腿勤快，上楼下楼不在乎，可性格比较计较。人家把报纸摆成摞，他一定要翻检一通，如果里面夹杂着纸壳子甚至杂物，一定要甩出来，弄得满楼道都是，居民很烦，感觉这个男人精明且没素质。而她呢，装痴卖傻，过秤时从来不检查，她甚至发给大家一些塑料绳儿，让他们自己分类捆好，巴不得那些贪便宜的老头老太太们把价钱低的夹上一点。这些老人特别爱传播信息，没几回，大伙都知道这个小女子心眼不多，觉得卖给她不会吃亏。

“你见过吧，我往小区一站，很多人自动把废品拎过来，知道为什么吧？”小女子说，“我有两杆秤，一个是台式电子秤，透明度高，但需要放在平稳处。假如要我上楼收购，那只能扛着钩子秤。许多小心眼的不放心那钩子秤，这不就主动向我靠拢了。”

小女子告诉张宝贵，她就是用这卖傻的方法赢得了大家的信任：“您心眼本来不多，却表现得过于精明，人有点占便宜的心理全让你给看出来，那多尴尬。所以，我一出现，老人们很快就帮我宣传了，这丫头厚道，比早先那姓张的强多了，听听。”

张宝贵还是有些不太明白：“废品是没人留着的，假如你不纵容他们，也得卖给咱不是。”

“大哥呀，”那小女子苦笑，“理是这个理。可真有跟你较劲赌气的，他宁肯拎着跑大老远去收购点多卖那块儿毛的。你觉得我吃亏了是不是？其实不然，莫看他们打捆、分类夹杂点别的，可省了我的时间，有你那翻检，重新打包的工夫，我效率可以提高几倍。”

“零乘以一万，也还等于零。”张宝贵依然不明白。

“收废品仅限于报纸吗？他认准了你，别的也给你留着，路子就打开了。除了这小区，我另有四个根据地呢，这叫方便别人，就是方便自己。”

“你告诉我这些，不怕我抢你饭碗？”张宝贵如在云里雾里。

“当然不怕。我要是知道你比我还难，我早让给你啦。传授给你卖傻的经验，我明天撤离这地儿。”女子惨然一笑，“我还有四处根据地，把这片最好的让你。你跟大伙说是秋芹的亲戚，他们就不再苦等我了。”

“能告诉我为什么吗？”

“因为你对媳妇好。”这个叫秋芹的小女子羡慕之情溢于言表，“我当年得过重病，丈夫心疼花钱，扔下我悄悄跑了，至今不知道他去了哪里。后来，我死里逃生，一人供儿子读书，也挺难的。可我现在身体好了，不用吃药，这就比你家强得多。嫂子，好好珍惜吧，这男人本事不大，可他在乎媳妇，难得呀。”

秋芹走了半天，张宝贵如梦方醒。他跟媳妇俩商定，无论如何得找到她要个联系方式，咱穷人要是都能相互照应着，那就没有过不去的坎儿。